LA VOYE DE LAICT,
OV
LE CHEMIN DES HEROS
AV PALAIS DE LA GLOIRE.
OVVERT
A l'entreée triomphante de LOVYS
XIII. Roy de France & de Nauarre en
la cité d'Auignon le 16. Nou. 1622.

ESTANS CONSVLS,
Illust. & Magnif. Seign. THO. DE BERTON
Escuyer de Crillon, Gentilhomme ord. de la
Chambre du Roy, CHAR. HVGONENC,
& PIER. BAYOL, & Magnif. Mr. PIER.
JOSEPH DE SALVADOR Docteur ez
Droicts, Assesseur de ladicte Ville.

LA VOYE DE LAICT,
OV
LE CHEMIN DES
HEROS AV PALAIS
DE LA GLOIRE.
OVVERT

À l'entrée triomphante de LOVYS XIII. Roy de France & de Nauarre en la Cité d'Auignon le 16. de Nouembre 1622.

ESTANS CONSVLS
Illuſtr. & Magnif. Seign. THOM. DE BERTON, *Eſcuyer de Crillon, Gentilhomme ordinaire de la Chambre du Roy,* CHARLES HVGONENC, *&* PIER. BAYOL, *& Magn.* M*r.* PIER. IOS. DE SALVADOR *Doct. ez droicts, Aſſeſſeur de ladicte Ville.*

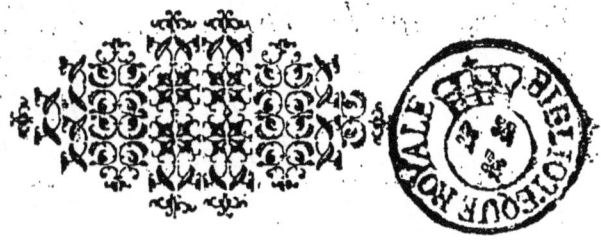

EN AVIGNON,
De l'Imprimerie de I. BRAMEREAV, Imprimeur de ſa Saincteté, de la Ville, & Vniuerſité.

Auec permiſſion & Priuileges. M. DC. XXIII.

SONNET
SVR LE PORTRAIT DV ROY.

Quand ie iette les yeux sur la diuine face
  De mon Prince, ie dis: est il possible, ô cieux,
  Qu'il se trouue là haut homme plus gracieux
Que celuy, qui commande à la Françoise race?
Non, ce n'est point vn homme; il n'a que la surface
  D'vn corps mortel; cet œil courtois, ambitieux,
  Fin, simple, doux, hagard, aspre, delicieux,
Marque vn grand Dieu caché soubs ceste viue
Temeraire graueur, tu as trop entrepris,   (glace.
  De tracer sur l'airain, d'vn burin mal appris,
  Celuy, de qui le corps n'est rien que le courage.
Si l'on pouuoit tirer d'vn grand Dieu le portrait,
  Il faudroit excuser & la main & le trait,
  Qui oza de mon Roy imprimer le visage.

                                  EPISTRE

AV ROY.

SIRE,

Tant de lauriers qui couronnent la valeur de vostre ame Royale, ont fait monter vostre Gloire à vn tel periode, que quiconque prend la hardiesse de la descrire, ne peut euiter le blasme d'vne grande temerité, s'il n'est autant releué en esprit & en eloquence, qu'il l'est en ses desseins. Il faudroit vne plume qui eut des-ja prins l'essor bien haut, & acquis au moins vne partie de la reputation que vostre espée foudroyãte s'est acquise par l'Vniuers, & encor alors que pourroit sa loüange adiouster à vostre gloire, qui accreust la cognoissance de vostre grandeur? La belle renommée de vos genereuses entreprises, si heureusement conduittes a respandu si loing la merueille de vos Vertus, que non seule-

EPISTRE

ment les peuples alliez à vostre couronne, mais encore les nations les plus reculées de la France ne peuuent assez exalter vostre courageuse pieté, & la prudence de vostre esprit vigoureux, qui dans la ieunesse d'vn beau corps produit des effets d'vne heureuse & bien experimentée vieillesse. La crainte de vos ennemys extorque de leur conscience la confession de vostre valeur : & la grandeur des exploits de vos armes flambantes pour le salut de vostre France, tiré de telles saillies d'admiration de tous vos fideles subiects, que pensants d'adorer en vos premieres armes l'Orient de vostre Vertu, ils se trouuent estonnez de la voir en mesme temps rayonnante au plus clair midy de la gloire. Nostre S. Pere le Pape Gregoire XV. nostre souuerain Prince, qui n'a pas moins d'affection à l'heureux accroissement de vostre Royale Maiesté, que de zele pour le bien commun de l'Eglise Chrestienne, a tesmoigné par lettres l'excez de la ioye qui transporta son cœur à la nouuelle de vos admirables victoires, & ne cesse encor de benir Dieu de ce que couronnant de bonheur vos desseins magnanimes, il a reserué à vostre bras vainqueur la gloire de dompter les monstres, que la France auoit ignoré iusques à

nos

AV ROY.

nos siecles. Enfin tout l'Vniuers sentãt espanouyr ses esperances aux raiz de tant de glorieuses actiõs de V. M. conspire pour son honneur, & r'alliant les differentes voix de tant de peuples en vn harmonieux concert fait retentir le Ciel de vos plus belles loüanges. Parmy tant d'acclamatiõs de peuples si diuers & ces chants d'allegresse qui suiuent vos triõphes permettés, SIRE, que vostre tres-obligée ville d'Auignon, où vostre Gloire a autant de temples qu'il y a de cœurs des citoyens consacrez à vostre humble seruice, soit au moins l'Echo resonnant de vostre Renommée, qui en la feinte de ses paroles recite quelque chose de vos veritables grandeurs. Elle n'a point de pretentions plus ambitieuses. Car qui voudroit tailler vostre loz à la mesure de vos royales vertus, encourroit sans doubte deuant les esprits foibles l'opinion de flatteur, & sembleroit vouloir donner du vent aux oreilles d'vn Prince qui n'a rien en soy qui ne soit solidement grand. Et puis quel moyen, SIRE, pouuons nous auoir d'esgaler de paroles la grandeur de vostre Gloire qui surpasse mesmes le vol de nos pensées par la promptitude & le grand nombre de vos heroiques exploits. Nous ne pouuons pas tant escrire comme vous sçaués faire, vo-

EPISTRE

stre espee va plus viste & plus haut que nos plumes, & les nouuelles loüanges que vostre Vertu à merité depuis qu'elle s'est soustraitte à nos yeux, obscurcissent des-ja la clarté des premieres que nous auions medité. Si dourros nous toutefois vn peu d'air à l'affection ardante que nous auons de contribuer quelque chose à l'eternelle memoire de vostre incomparable valeur, qui pour rendre la rebellion abatuë à vos pieds vous a mis lespee au poing & vous a fait tenir en mesme temps les palmes de tant de victoires, & mettre à couuert nos vies & nos fortunes. Ce sera soubs l'adueu de V. M. apres les longues sollicitations de vostre Cour, qui non contente de voir tant de murs foudroyez seruir de trophée à la fureur de vos iustes armes, & la France conseruée à soy mesme estre vn monument auguste de vostre heroïque pieté, desire encor auec impatience que nous produision's au iour ce peu que nostre trauail a sceu cõtribuer pour enrichir la couronne de vostre Gloire, lors qu'il pleust à V. M. d'estressir son triomphe dans le pourpris de nos murailles. Si l'on y condamne la main rude de l'ouurier, le suiet à tout le moins n'en sera pas desaggreable, puisque vostre Gloire (SIRE) le nous a mis entre les mains, nous
presen

AV ROY.

presentant ceste escharpe françoise, qui blanchit dans la nuit le bel azur du Ciel du laict de vos Royales fleurs de lys. Nous l'appellons ça bas la Galaxie, ou la voye de laict, dans le Ciel ils la nomment le sanctuaire de la France, la ruë palatine ou le chemin Royal des Heros & des Diuinitez qui courtisent la Gloire, que les Poëtes ont desguisée dans leurs fables soubs le nom de Iunon. Ce chemin est bordé de riches & superbes edifices & de palais sortables aux Courtisans de ceste Deesse, & aux plus grandes Diuinitez qui y font leur demeure. Les Vertus Heroiques nourricieres des Princes y tiennent rang à part & sont logées à l'enseigne chacune de leurs constellations, que l'Amour, comme on dit, a graué dans le Ciel de la douce pointe de ses flesches. C'est là ou la Gloire immortalise ses Heros que les Vertus ont esleué à vn si haut point de felicité, & leur courage indomptable a fait despouiller de leur propre vie, pour se reuestir de l'honneur d'vne eternelle memoire. Quand nous ferons voir ceste Galaxie ou ceste France du Ciel ça bas dans vostre France, & dedans icelle les Royales desmarches de V. M. le train de ses Vertus, ses hauts faits, ses proüesses, ses victoires, trophées & triomphes en

EPISTRE

vn si haut relief, ou grauez & depeints dans le Ciel de la Gloire, quelques-vns admireront la beauté des images ou la douceur des traits & des attraits cachez, dont ce petit Dieu tout esprit & tout amour pour vostre Gloire a esté l'inuenteur & le peintre ou le sculpteur ensemble, se seruant pour burin de ses traits accrez d'amour, & de ses plumes delicates pour pinceau. Les autres se plairrõt à considerer dans ceste Galaxie les Heros de nos Gaules, & le laict de la candeur Gauloise qui blanchist les lys François en l'vnion de deux peuples guerriers, que la Gloire seuls d'entre tant de peuples a adopté pour ses enfans comme estant tous de Mars. Tous ensemble adoreront le sujet de tant de merueilles qui sont vos sureminentes Vertus, & ce spectacle nous sera comme le tableau de la iournée de Marathon, où les Grecs ne regardoient iamais que leurs cœurs ne fussent rauis par les yeux, y voyants leur chef representé en chef, & le plus grand de tous, couronné de l'honneur d'vne si memorable victoire. Et combien y en aura-t'il, SIRE, qui faisants dans leur esprit les rapports de ceste Galaxie à vostre Gaule, de ces lys de la Gloire aux fleurs de lys de France, du doux laict de Iunon à la candeur des Gaulois,

comme

AV ROY.

comme leur nom tesmoigne des deuises & emblemes à la verité de vos vertus, & de la Gloire esclattante parmy ses Heros à V. M. le iour de son glorieux triomphe au milieu de ses Princes & des Seigneurs François côme autant de demy-Dieux en terre, voyants tant de merueilles doubteront si le Ciel a voulu faire en vous vn abregé de toutes ses perfections, ou vn miroir pour les y recognoistre, ou si les Destins qui vous ont fait naistre pour la Gloire de la France & la felicité du monde auoient des-ja estoffé le Ciel de vos victoires futures, & receu dans ce séjour les ames des Heros pour y admirer & adorer la Gloire de vos inimitables Vertus. Vertus qui à nos yeux rendent des-ja vostre vie si glorieusement innocente & si purement glorieuse, qu'elle est irreprehensible par tout, si ce n'est qu'on l'accuse d'auoir vn tel ascendant sur les volontez de ceux qui la contemplent, qu'elle s'approprie les cœurs qui debuoient estre communs à tout le monde. Que si la ville d'Auignon paroit aux yeux de quelques vns trop petite & incapable d'estre le theatre de vostre Gloire, elle encherit son mespris, puis qu'il naist de la vraye cognoissance de vos grandeurs, & qu'elle l'a volontairement accueilly sur soy, absorbant le

bril

EPISTRE AV ROY.

bril des tiltres specieux qui la renomment par l'Europe, dans l'esclat de vos Royales perfections, elle reputera le comble de ses loüanges si elle peut plaire & seruir à vne si haute Majesté, & emprunter des rayons de vostre Gloire, l'honneur d'estre & de se dire tousiours

De vostre Majesté

La tres-obligée, tres-fidele
& tres-obeïssante
LA VILLE D'AVIGNON.

LA VOYE DE LAICT,
OV
LE CHEMIN DES
HEROS AV PALAIS
DE LA GLOIRE.

OVVERT A L'ENTREE
triomphante de sa Majesté Tres-Chrestienne
LOVYS XIII. en la Cité d'Auignon
le 16. Nouembre. 1622.

CHEVALIERS qui picquez d'vne genereuse pointe d'honneur, cherchez d'establir l'immortalité de vostre nom sur la grandeur de vos proüesses, & rehausser le lustre de vostre sang par la gloire de vos beaux faicts, c'est assez donné des preuues de vostre valeur, c'est assez semé de ce sang genereux dedans le champ

A

Le chemin des Heros,

de Mars pour y faire bourjonner les lauriers que la vertu promet a voſtre courage. La Gloire que vous courtiſez en ces tranchees, que vous pourſuiuez à l'ombre de la mort, aux eſclairs des canons, parmy l'horreur du meurtre, greſlez de plomb, trempez dedans le ſang, haletants ſoubs le faix des palmes de Louys l'Inuincible, pour qui elle eſt toute en amour, ſe preſente à vous de ſon plein gré pour antidater voſtre felicité, encherir vos merites, addoucir vos aigreurs, illuminer vos armes, vous donnant à bas prix vne choſe ſi haute que l'hōneur de ces faueurs, en faueur de voſtre braue Prince.

Venez ſuiuez le couuerts ſuperbement de ceſte loüable pouſſiere, que vous auez cueilly apres luy en l'eſchole d'honneur, ſes yeux, qui ont animé vos bras, & vos eſpees, & roidy vos courages au milieu des combats, auſſi bien que les tortues de mer auiuent leurs œufs de leur regard, & les font eſclorre dans le vague des ondes, maintenant d'vn doux rayon de leur benin aſpect font verdir vos lances en lauriers, & prēdre iour aux lys pour courōner voſtre proüeſſe.

Auan

au Palais de la Gloire.

Auancez, voicy la Gloire, ceste Deesse que vous adorez au plus-fort des meslees, & la seule trompette qui vous a assemblé dedans ce camp Royal, comme iadis elle conuoqua ces braues Argonautes sur la greue du Phase, qui donne vne retraicte glorieuse à vos trauaux, & vous appelle à soy pour vous donner les chappeaux de triomphe, qu'elle vous a tissu de sa main propre. Heureux champions! puis que les destinees vous ont priuilegié de tant, que de pouuoir meriter vn honneur immortel au seruice d'vn Roy, sur qui le Ciel admirant ses vertus heroiques en vn aage si tendre se fond tout en amour, & verse prodigalement vne mer de faueurs pour le releuer au plus haut point de gloire.

Mais accourez, que retardez vous plus le comble de vos souhaits & l'accomplissemét du beau desir, qui vous a eslacé ez plus espais hazards, & ez batailles les plus sanglátes? Ceste Royne des Dieux & la Deesse des grands courages, dont vne honneste ambition vou a obligé à la recherche, n'a pas son Louure ouuert à tous venants, & à

A 2

l'heure qu'on veut, comme eſtoit le temple des Graces : auſſi la vraye Gloire n'eſt pas vne Diuinité vulgaire, qui tienne Cour ouuerte à quicõque enflé de preſomption oſe temerairement pretendre a ſes faueurs. La fortune & la Vertu n'y permettent l'entree, qu'a peu de ces braues Paladins, qui ont honoré leur renommee du loz de mille valeureux exploits, & ont forcé le Ciel à marier l'heur auec leur vaillance.

Ce Palais eſt bien percé a la forme de celuy de Druſus, pour prendre & donner iour de tous coſtez. On y oit retẽtir iour & nuict les cris de ceſte Deeſſe à cẽt bouches, logee en eſchauguette au deſſus du perron pour animer & embaumer tout l'air des loüanges des Preux, que la Gloire a honoré de ſa liüree : ceſte voix, peut eſtre, vous a éſueillé le courage, auſſi bien que les trophees de Miltiades à cet autre Athenien : Mais ne penſez pas pour cela que l'accez ſoit rendu plus facile. Il y a tout au tour mille & mille perils ordinairement en armes, poſez ſur toutes les aduenuës, qui portent ſur le front le deffy & les dures menaces de

la

la mort à ceux qui s'en approchent,& quád bien on auroit fauſſé ce corps de garde, le palais demeure hors de ſurprinſe. Ses portes qui ſont d'vn ferme diamant, iamais ne ſe démentent par violence aucune, & ne s'ouurent que comme celles de ce temple d'Helene, que Pauſanias renomme, vne ou deux fois au bout de pluſieurs ſiecles, par les ſecrets reſſorts des deſtinees, & en faueur de quelque demi-dieu, tel qu'eſt ce grád Louys le parangon des plus puiſſants Monarques, que le Ciel n'a fait naiſtre que pour faire voir à nos iours combien peut la vertu, & releuer ſes triomphes ſur les ruines du vice.

Le bonheur de ſa naiſſance Royale dans les lys de la Gloire auoit deſ-ja doné ce paſſedroit a toutes ſes actions, d'eſtre comme autant de ſoleils rayonnans, qui portent ceſte neceſſité de iamais ne tomber en tenebres: mais les premieres ſaillies de ſon Heroique courage l'ont pouſſé ſi auant dedans la lice des Vertus, qu'il s'eſt faict aymer & admirer auſſi toſt que cognoiſtre, & a porté la Gloire a tant de paſſion pour ſa grandeur, qu'il faut ou rendre mortelle ceſte diuinité, ou qu'elle immortalife la memoire de ce Prince.

Si voftre reputation ne peut pretendre ny prendre plus beau iour qu'aux rayons de fa gloire, renforcez vos courages, & pourfuiuez de broffer apres luy à trauers ces dagers: Haftez, doublez vos pas a fuiure fes brifees ; s'il ne vous eft pas permis d'eftre lafches, ou bien de prendre haleine auprés de cet Heros, à qui la peine eft vn plaifir, & le plaifir eft peine, vous n'aurez pas auffi la crainte, côme on difoit aux foldats d'Alexandre, de defcheoir iamais de vos belles efperances, que vous voyez efpanouyr deuât vos yeux en vne iouyffance affeuree de la plus grande celebrité, que l'on fceut fouhaitter. Les monftres font domptez, les perils efcartez, ce qui luy refte ne font que des defpoüilles, & les trophees de fa valeur, tout le Ciel eft pour luy, & s'ouure deuant luy pour luy faire fortir la pôpe de fes Diuinitez & des Heros, qui tous d'vne cômune voix adnoüent qu'il faut couronner la fin des malheurs de la France, de la Gloire de Louys le Iufte ce grand Roy de tant grands Heros,

Heros, qui l'a rescoux par son inimitable vertu, & la releue au Periode de sa grandeur ancienne.

DEsia la Gloire, meditant à part soy l'appareil du triôphe, auec lequel elle pouuoit accueillir le Roy des fleurs de lys, auoit commandé à la Renômee d'enfler tous ses poulmons & emboucher tout autât de trôpettes, qu'elle en pouuoit entonner, pour remplir tous les airs des incôparables louäges de ce ieune Monarque; & la terre s'estoit faicte vn Echo resonnant & redisant ses merueilles; les cabinets des Princes, les Senats & les assemblees dedans les Republiques, les places, carrefours & les maisons aux villes, iusques mesmes aux hameaux des bergers par les campaignes ne retentissoient d'autres discours que de ses vertus heroiquement royales, & des admirables victoires, qu'il auoit recueilly de la rebellion de ses subiects.

Toutes les grandes Citez & les Prouinces de la France qui à l'ombre de ses armes goustoient les douceurs d'vne asseuree felicité allumât tousiours dauâtage leur amour au vent de son renom trauailloient à l'enuy à luy tiſtre des chapeaux de triõphe & des guirlandes d'honneur pour ombrager ſon chef victorieux; quand Auignon pouſſee d'vn deſir particulier de produire au iour quelque inſigne teſmoignage de l'affection qu'elle a touſiours conſerué pour la Gloire de ce puiſſant Monarque, ſoubs la protection duquel elle reſpire, r'appelloit toutes ſes penſees à ceſte ſeule conſideration, comment elle pourroit honorer la memoire de ſes bienfaicts, & de l'obligation immortelle qu'il s'acqueroit ſur elle de nouueau, eſtouffant les conſpirations de ſes ennemis, tandis qu'il alloit triomphant de ceux de ſa Couronne.

Pour ce ſubiect apres auoir deliberé en ſon Conſeil ordinaire & extraordinaire de faire les appreſts & fournir aux deſpés pour la magnificence d'vn triomphe Royal à la venuë, qu'elle ſe promettoit de ſa Majeſté victorieuſe, elle requit le R. P. Recteur du College de la Compagnie de Ieſus, de commettre la conduitte generale & direction à quelqu'vn de ſes Religieux pour le deſſein

&

au Palais de la gloire.

& inuentiō d'vne entree Royale, telle qu'il iugeroit honorable à la ville & à la loüange immortelle d'vn si grand Roy ; & de sa part elle esleut Messieurs Charles de Dony, François de Royers sieur de la Valfiniere, Nicolas Philibert, Paul Tourreau, Iean Honoré Bœuf, & Pierre Rostagny tous gents desprit, & entendus à semblables affaires, qui furent deputez auec pleine authorité pour surueiller aux preparatifs, & à l'execution entiere du dessein suiuant l'ordre qui seroit donné par Messieurs les Consuls & Monsieur l'Assesseur.

C'estoit plaisir de voir l'vnion de tant de diuers iugements qui conspiroient ensemble à vne mesme volonté de ne rien laisser en arriere de ce qui pourroit seruir à l'allegresse publique, & à la splendeur de ceste reception, recognoissants biē que tout leur appareil seroit tousiours au dessoubs des merites d'vn si obligeant Monarque.

N. S. P. le Pape Gregoire XV. comme Prince souerain de la Ville d'Auignon & du Comté Venicin auoit donné commandement exprés, que s'il plaisoit à S. M. d'ho-

B

norer la ville de sa presence Royale, elle luy fist tous les mesmes honeurs qu'elle rédroit à sa personne propre, & contribuat tout ce qu'elle pourroit à la gloire de ses premieres armes autant auantageuses au bien de l'Eglise Chrestiéne qu'elles estoyét necessaires au salut de la France. Monseigneur Illustrissime Guillaume du Nozet Archeuesque de Seleucie, Vicaire general de N.S.P. Et Vicelegat en la legation d'Auignon tesmoignoit en la mesme poursuitte le plaisir qu'il auoit de ce qu'espousant selon sa charge l'affection de sa Sainéteté, il pouuoit par mesme moyen dõner air à celle, que la nature luy a allumé dans le cœur enuers son Prince naturel, & qui l'a obligé de ses plus speciales faueurs.

Monseigneur Charles Felix Malatesta Marquis de Roncofreddo Gouuerneur & Lieutenant general au fait des armes pour N.S.P. le Pape en cet estat, comme il est autant vaillãt que sage Caualier, desiroit bien auec passion qu'il luy fust loysible & aggreable à S.M. tres-Chrestienne, de faire reuiure à son seruice la valeur de ses illustres
ancestres

anceſtres, qui ont eu tãt de fois l'Italie pour theatre de leur vertu & l'Europe pour bornes de leur reputation; mais puis que les affaires ne le luy permettoiét pas, & l'occaſiõ ne ſecondoit pas ſa volonté il tournoit la pointe de ſes plus chauds deſirs à faire de ſon coſté que l'accueil de la Ville fuſt le moins qu'on pourroit inferieur à vne ſi haute & ſi glorieuſe Majeſté.

Monſieur Thomas de Berton Gentil-homme ordinaire de la chãbre du Roy faiſoit voir en ſa charge de premier Conſul d'Auignon le zele, qu'il auoit herité du braue Crillon iadis Maiſtre de Camp, & ſon tres-honoré Oncle, pour l'hõneur & le ſeruice de ſon Maiſtre. Et Meſſieurs Charles Hogonenc, & Pierre Bayol, ſecond & troiſiéme Conſuls enſemble auec Monſieur Maiſtre Pierre Ioſeph de Saluador Docteur ez droits & Aſſeſſeur de la Ville, admirants & aymants auec adoration les Vertus de ce Prince, ne donnoïent à leur eſprit repos ny iour ny nuict pour excogiter les moyens d'illuſtrer la memoire de ſes hauts faits, & cõtenter leur affection par quelque teſmoignage qui peut luy correspondre. Cependant que le peuple souhaittoit de son costé & importunoit le Ciel pour S. M. à ce que le bon-heur se rendit protecteur de ses armes & pleige de sa vie parmy tous ces dägers, ausquels il exposoit sa personne pour l'amour de sa France. Iusques à là que quelques vns des plus incõmodez se soutraioiẽt chaque iour volontairement quelque chose de leur maigre nourriture pour pouuoir au bout de la sepmaine, tirer du thresor de leur espargne de quoy faire offrir a Dieu pour sa prosperité ce diuin sacrifice, qui seul vaut plus que toutes les hecatõbes du mõde. Et au lieu que les premieres affections sont d'ordinaire les plus violentes, celle-cy qui les portoit tous a rechercher & embrasser les moyens d'honorer son triomphe, redoubloit châque iour par la claire cognoissance de ses Vertus Royales qui paroissoiẽt tousiours plus grandes à nos yeux, à mesure que ses Victoires le nous rendoyent plus proche.

Si toute la Ville d'Auignon tesmoignoit tant de passion pour la Gloire de ce Monarque

que des fleurs-de-lys, il ne fuſt pas difficile
à la Gloire d'incliner ſa volonté au choix de
ceſte ville par deſſus pluſieurs autres, qui ſe
preſentoient alors à ſa penſee, pour y eſtal-
ler la pompe de ſes Diuinitez, qu'elle vouloit faire ſeruir en ce triomphe à immorta-
liſer la memoire de ſes Vertus, & le combler de felicité entre les Heros de ſa France. Elle y eſtoit dautant plus portee de deſir, que pluſieurs autres rencontres qui luy
venoient en conſideration, deſcouuroiét à
ſon eſprit mille beaux rapports de ces qua-
litez aux ſiennes, pour la faire capable de
l'honneur d'eſtre le theatre de la Gloire du
premier Monarque de l'Vniuers.

Car premierement ſi ce n'eſt que le Ciel
qui ſoit la demeure de la vraye Gloire, ou
elle s'eſt logee pour trouuer en la terre vn
diuin exercice aux hommes & aiguiſer dauantage leur deſir par l'eſloignement de ſa
preſence, & s'il s'agiſſoit pour ſes deſſeins,
de trouuer en la terre vne Cité, qui fût vn
Ciel ſur terre, côme celle d'Athenes eſtoit
iadis nommee dans la Grece, qui pouuoit
mieux meriter ce tiltre qu'Auignon à qui

l'Amour a mis comme en depos les clefs du Ciel, qu'elle retient pour armes, qui est l'amour du Ciel & le Ciel de la Frāce, sur qui le Soleil darde tousiours ses amoureux rayons, ne l'abandonnant iamais vn iour entier de veuë; comme les anciens ont remarqué pour vne signalee faueur des Dieux enuers l'Isle de Rhodes. Son sol comme vn beau Ciel, qui ne porte qu'esprits, ou des corps spiritualisez, ne porte aussi que des fruicts descharnés de la terre, & l'esprit de la terre, des arbres reuestus d'vn fueillage immortel, pour les ployer en courōnes de Gloire, de palmes, de lauriers, d'oliuiers, rosmarins & myrtes, d'orangers, citronniers & semblables delices desquelles il semble vouloir recognoistre l'honneur qu'il a de loger des hommes tous esprits, & esprits tous celestes, qui hument vn air qui n'est que pur esprit; & pour qui le Soleil premier Empyrique du monde conspire auec la terre pour alambiquer & quintessencier ses fruicts, cōsumer tout leur phlegme, & n'y laisser que l'esprit espuré pour en nourrir ces petites diuinités mortelles, que le bon-heur a logé

en

en ceste contree. De plus elle recognoissoit la cãdeur de ce peuple Auignonnois, qu'elle auoit autrefois plus fauorablement blanchy de son laict diuin entre ceux qui habitent sur la riue du Rhosne, à la faueur desquels le temps a conserué ce tesmoignage d'Ennodius.

Et natos Rhodani lac probitatis habet.
Par aprés, elle repassoit en sa memoire les premiers fondateurs de ceste Ville venus des Ioniens, lesquels elle auoit iadis precipué de cet honneur de leur faire porter sa liuree des Jys, qu'elle leur auoit presenté par les mains d'vne Nymphe; si l'oubly les eut peu effacer, Nicandre chez Athenee luy en eust rafreschy les Idees. Et puis, quand bien les Diuinitez pourroient ignorer quelque chose, elle ne pouuoit pas estre ignorante de ce que Promethee enseigna iadis à son Hercule, en la tragœdie d'Aeschylus qu'Auignon est le Royaume des vents, a qui la Renommee donne pension pour les auoir à son seruice, & auec le Roy desquels elle mesme auoit faict autrefois alliãce, ils pouuoient icy seruir à ses desseins pour porter

sur

sur leurs aisles mille belles loüanges de ce Roy aux extremitez de la terre. Et en fin elle a tous les iours deuant les yeux l'image d'Auignon releuee, qui est l'vne des plus belles & des plus solides colomnes qui supportent son Palais, elle la faisoit ressouuenir combien de fois le nom & le loz de ceste Ville auoit réply la bouche de la Renommee durant plusieurs decades d'ans qu'elle fut la Rome de la France, le siege des souuerains Pontifes de l'Eglise Chrestienne, le haure de la Nasselle de S. Pierre, l'azile de la Religion, le Phare de l'Vniuers, & la forteresse inexpugnable de la Verité qu'elle retient encore pour deuise en son Hostel de Ville : Et si bien elle est de la subiection des Papes & du domaine de l'Eglise, il luy sembloit d'autant plus conuenable que celuy la y rencontra sa Gloire, qui cóme Roy tres-Chrestien & le fils aisné de l'Eglise, venant de prescher la foy aux Heretiques par la bouche de ses doubles canons, auoit autant merité que Constantin le grand, ce tiltre glorieux que l'Eglise de Cóstantinople luy donna pour vn moindre sujet d'Apostre

entre

entre les Roys, & l'hōneur qui doit accōpagner ce tiltre. Ce fut aussi au tēple d'Apollon à Delphes que les courōnes estoffees de Victoires en broderie d'or tomberent sur la teste de Timoleō pour le combler de Gloire, & non pas à Corinthe. En fin quoy que ce fut, la sentence de Pisidas luy sembloit veritable comprinse en ces deux vers.

Τῶ δὲ φρονεῦντι πᾶσα γῆ προσεδεία,
Κοινὴ γὰρ ἀρετῆς θρόνος τε ᾗ τάφος.

Toute terre sert de Principauté & de Royaume à la vertu, elle triomphe partout, & en tout lieu elle se peut eriger aussi bien vn throne d'authorité & de gloire, comme elle y peut rencontrer son sepulchre. Là où le Roy est, c'est le lieu de sa Cour, quand il seroit dans l'horreur des deserts, comme le Roy des Arabes; ou dedans ces vastes arenes du Midy comme le grand Negus d'Ethiopie; & en quelque lieu que ce puissant & victorieux Monarque de la Frāce, triomphe de ses ennemis, accōpagné de ses braues guerriers cōme d'autant d'Heros, ce sera tousiours vn digne seiour de la Gloire.

Dailleurs ceste Deesse estoit bien asseu-

C

rée, que l'action qu'elle auoit pourpensé en son esprit, n'offenseroit en rien la bienseance, car vn Roy si pieux & dont le courage & la valeur s'approchent autant des Dieux, qu'ils surpassent l'ordinaire des hõmes, ne debuoit tenir sa Gloire, que du Ciel, ny rechercher ailleurs l'approbation de ses faits Heroiques: Et puis que les destins & les vœux de la France ne luy permettoient pas encore de l'esleuer au rang des immortels, si elle quittoit le Ciel pour luy tenir cõpagnie en la terre, cependant qu'il faisoit triompher la Vertu sur la terre, outre que iamais aucun ne s'en redit plus digne, tous les Heros approuuoient son dessein: la Renõmee leur auoit persuadé qu'ils debuoient mesmes tesmoigner de l'adoratiõ à ses premieres armes, qui ne sont que les arres des miracles qu'il fera voir au monde en vn aage plus robuste, & dans l'esclat desquelles neantmoins ils contemploient cõme en vn beau crystal ou vne table d'esmeraude tous leurs plus vaillants exploits representez en vn bien plus beau iour, & auec plus de relief, & ils recognoissoient qu'en la Gloire
d'vn

au Palais de la gloire.

d'vn seul Louys le Iuste, qui leur doibt vn iour tenir lieu de Roy dans le Ciel, ce seroit faire voir plus clairemét au monde la grandeur des Hercules, Cæsars & Alexandres & de tous ces autres Heros, comme Sylla disoit qu'en vn Cæsar il y auoit plusieurs Marius, & en la lumiere du Soleil il y a plusieurs astres auec plus de beauté, qu'ils n'en font pas paroistre, quand ils veulent tenir leur rang à part au milieu de la nuict. Il n'estoit que question auec quel appareil elle accueilliroit ce grãd Roy des fleurs-de-lys, que les rudes tempestes d'vne dangereuse rebellion auoyent greslé de fait, comme iadis par feinte ce Marcellus en Espagne, parmy les foudres tonnerres & esclairs, de la guerre, de tant de couronnes d'honneur, & de palmes de si rares victoires.

Il y a dans le Ciel, que les Stoiciens chez Clem. Alexand. en ses tapisseries nous depeignent comme la grande & superbe cité des Dieux, vne large ceinture, remarquable dans l'azur de ces voutes par son admirable blancheur, que nous appellons communement la Galaxie, ou la voye de laict.

Les Poëtes qui pousſez quelquefois d'vne diuine fureur eſgarent leur eſprit & l'eſleuent en leur enthouſiaſme iuſques à la cõpagnie heureuſe de ces celeſtes diuinitez, nous ont fait les rapports, que tout cela n'eſt autre que la grande ruë des lices, la voye Palatine, ou le chemin Royal, que tiennent tous les Dieux, quand ils vont voir Iupiter en ſa Gloire pour luy faire la Cour, & que ce chemin eſt bordé de beaux & magnifiques palais, baſtis ſortablement à la majeſté de ceux qui les habitẽt, de quelque precieux marbre plus blanc & plus rayonnant que le noſtre Parien, qui diſtingue à nos yeux ceſte plage du Ciel d'vne candeur ſi aggreable. Ouide entre les autres en parle de la ſorte au premier de ſa metamorphoſe.

   Eſt via ſublimis cœlo manifeſta ſereno,
   Lactea nomen habet, candore notabilis ipſo.
   Hac iter eſt ſuperis ad magni tecta Tonantis
   Regalemque domum: dextrâ lauâque Deorum
   Atria nobilium, valuis celebrantur apertis,
   Plebs habitat diuerſa locis: à fronte potentes
   Cœlicolæ clariq́ue ſuos poſuere Penates.
   Hic locus eſt, quem (ſi verbis audacia detur)
                              Haud

au Palais de la Gloire.

Haud dubitem magni dixisse palatia cœli.
Plusieurs, autres apres, soit que presupposants, ceste premiere cognoissance ils ayent par le menu consideré le reste, ou que leur veruë les y ait entretenu plus long temps, aprés auoir posé le chasteau du Louure de la Gloire sur la place Royale du costé du Midy en ont fait encore le quartier de la Noblesse & y ont logé auec les Dieux les ames des Heros, bien plus à propos, ce me semble, que quelques vns n'ont fait dans les champs Elysiens, ou le globe de la lune, ou bien dans ces Isles incogneuës aupres de l'Angleterre. Le docte sainct Hierosme en a faict mention en l'vne de ses Epistres, & Ausone, ou Paulin, suiuants le Poëte Astronome des latins en ces vers du premier de son Astronom.

Altius, ætherei quà candet circulus orbis
Illa Deûm sedes, hæc illis proxima, Diuûm
Qui virtute sua similes vestigia tangunt. &c.
Atque hic Æacidas, hic & veneramur Atridas
Tydidemque ferum, &c.

Et pour ceste blancheur, ils la font, les vns de listre du laict, duquel la Gloire nourrit les

C 3

ames de ſes Preux & dõne la pointe à leurs courages & la force à leur eſprit de ſe relãcer à l'immortalité, quand les Deſtins les auront fait deſcendre dedans ces corps terreſtres, comme eſcrit Nonnius en ſes Dionyſiaques; Nos anciens Gaulois auſſi bien que leur Hercule en furent abbreuuez plus liberalement, & en heriterent auec leur nõ, tiré du mot γάλα, qui ſignifie laict, vne douce candeur, vne humeur belliqueuſe, & ce valeureux courage qui ne ſcait pas meſmes ceder à l'effort des perils ou à la violence de la mort. Les autres l'attribuent à la multitude des Dieux & des Heros qui ſont par là tous rayonnants en Gloire, & ſuperbement couuerts de quelque riche broderie de lys tels que Pauſanias va deſcriuãt ſur ce manteau de Iupiter que l'ancien Phidias tailla d'or & d'yuoire, d'vn artifice ſi rare, que les Dieux meſmes, l'approuuerent par vn prodige. Mais ie fais plus d'eſtat de l'opinion de ceux, auec leſquels Plutarche a eſtimé que ce lieu, ou la Gloire bienheure ces grandes ames, eſt tout ioché & tapiſſé de fleurs d'vne candeur immortelle; de ces beaux lys,

com

comme chante noſtre Homere François en l'vne de ſes Odes.

----Que Iunon blanchiſt
Du laict de ſa mammelle pleine,
Quand faiſant tetter le Dieu Mars,
Du bout de ſa fraiſe eſgouttee,
Le laict qui s'eſcouloit, eſpars,
Fit au Ciel la voye de laictee.

Les autheurs modernes qui y ont veu plus clair auec ces nouuelles lunettes de Galilé le blanchiſſent de meſme, d'autāt de fleurs-de-lys qu'Ariſtote y auoit multiplié d'eſtoilles, & font porter au Ciel l'eſcharpe blāche & les fleurs-de-lys ſans nombre en faueur de nos Roys & de la France qui eſt la Galatie ou la Galaxie de ce globe terreſtre, & vne pepiniere de grands courages & de vaillants Heros pour peupler le Ciel & la Cour de la Gloire.

C'eſt parmy ces delices & la blancheur de ces lys immortels, que les Vertus, comme dit Philō l'Hebrieu, qui doibuent auoir charge de l'educatiō & conduitte des Roys aux clartez de la Gloire, ont poſé leurs palais aux enſeignes de ces cōſtellations que la nuict

nuict nous defcouure : Et comme elles cognoiffent que l'ornement & le doux entretien de la Gloire eft principalement aux reprefentations des vaillants exploits de fes Preux, elles ont eftoffé tout ce lieu de batailles fanglantes, de monftres efgorgez, des victoires, trophees & triomphes de tous ces demy-Dieux, entre lefquels ceux la charment plus doucement les yeux de toute cefte Cour que l'amour ce gentil petit Dieu, qui fçait tout faire, y a graué de l'acier de fes flefches fur le fubjet des faits Heroiques de Louys le Iufte, qu'il auoit defcouuert, (comme il fe gliffe par tout) & adoré dans le fecret cabinet des Deftinees.

Aprés donc que la Gloire eut prefenté à fon efprit vne grãde diuerfité d'obiects, qui pouüoient feruir à la magnificence de fes intentions, elle iugea que, puis que les excellentes Vertus d'vn fi grand Roy l'obligeoient d'accõpagner toufiours de fa prefence la folemnité de fes triomphes ça bas & le merite de fes actions Royales, il n'y auoit rien plus à propos pour l'appareil de ce premier rencontre, qu'elle auoit differé

pour

pour Auignon, que de representer à l'entrée triomphante de ce grand Heros entre les Roys ceste voye de laict, le vray chemin de triomphe, par lequel les Heroës courent dedans les lis à la possession asseurée d'vne gloire immortelle, & la lice des Royales Vertus, où ce ieune Monarque aux premieres boutées de son courage a parfourny glorieusement sa carriere. Et comme c'est le propre de la Gloire de faire voir en soy comme en vne aggreable clarté les Vertus & les hauts faits de ceux qu'elle cherit, l'occasion en ce sujet naissoit entre ses mains de mettre en vn beau iour vne partie des Vertus de ce Prince, & de ses grands exploits estalant seulement aux yeux de ceux que la Renômee appelleroit à ce spectacle ce que le temps a des-ja descouuert des merueilles de sa vie, qui embellissent ce seiour des demy-Dieux. Elle estoit asseuree que le monde y admireroit ses Royales desmarches & ses pas de geant au chemin du vray honneur, qui seruiront de mesure à la posterité comme le pied d'Hercule aux Athletes de la Grece, pour ceux qui à son exemple s'en

D

hardiront de courre à la solide Gloire.

Que s'il estoit question de raccourcir sa grandeur, & de reduire sur le plan d'Auignon la cambreure de ces voutes du ciel, elle n'auoit pas faute de Mathematiciens experts en l'Astrolabe: Ptolemée, qui en fût l'inuenteur, & ce tant renommé Archimede sont à sa deuotion & viuent pour la Gloire, par laquelle leur vie est immortalisée. Car combien que par fois les beaux esprits, qui sont, ainsi que dit Philon, de la nature du ciel, experimentent, comme le bon Vulcain, le rebut de Iunon, qui les auoit mis au iour, ils sçauent neantmoins la gaigner par artifice, l'attachants comme luy par des secrets ressorts à quelque piece de leur art, & la contraignants ainsi à leur estre fauorable & les faire reuiure apres leur mort en la celebrité d'vne reputation vniuerselle : mais leur industrie ne fut pas icy necessaire. Le Poëte Claudian sans ligne ny cōpas a bien sceu ajuster dedans ses vers ceste grande cité du ciel à la cité de Rome, & ces sept regions qui y sont les plus notables aux sept montagnes de celle-cy. Ne pouuoit-il pas aussi

aussi facilement en la voye Palatine habitee des Empereurs & de la Noblesse Romaine dresser ce beau chemin de laict, qui est la rue de ces palais cœlestes où loge la Cour de la Royne des Dieux?

Ceste Deesse donc qui auoit suggeré l'inuention à ce Poëte de celebrer ainsi la majesté & la grandeur de Rome, mit aussi dans l'esprit de celuy qui eut la charge de former le dessein pour ceste reception Royale en Auignon, vne parfaicte image de ceste Galaxie formée des beaux faits & vertus heroiques de Louys le Iuste qu'il a fait esclatter aux yeux de tout le monde en ce tour qu'il a fait de sa France, où il a releué le lustre des fleurs de lis, & a porté sa valeur parmy tant de victoires, & de trophées, & d'armes, & d'amour jusques au periode d'vne parfaicte Gloire. Et aussi tost apres elle enuoya ce chaste & clair-voyant Amour, qui luy fait escorte, & que la Deesse Suade, comme on dit, couronna à sa naissance pour marque qu'il seroit grandement persuasif, qui à l'instant fit voir à toute la ville d'Auignon l'Auguste Majesté & la beauté de ces

Vertus Royales dignes d'eſtre inſerées en ce ciel de la Gloire, & perſuada autant occultement que puiſſamment à ceſte graue aſſemblée de tant de Nobles & prudents perſonnages conuoquez au Conſeil public dans le grand Hoſtel de Ville, pour ouyr le recit de ce ſujet, de le choiſir entre les autres qui furent propoſez, & de l'executer au pluſtoſt auec toute la ſplendeur & la magnificence poſſible.

Incontinent on mit la main à l'œuure, & on commença à reſſentir par les effects que c'eſtoit la vraye Gloire qui vouloit accueillir le Roy victorieux dans Auignon. La Renommée le publioit par tout, & faiſoit retentir & dedans & dehors le haut ſon des loüanges immortelles de ce valeureux Monarque: voire-meſmes il ſembloit que les Auignonnois fuſſent tous metamorphoſez en autant de Renommees; ils eſtoient tous yeux, tous oreilles & langues pour apprendre & reciter par tout les grandes & incomparables actions de ce Royal Vainqueur. Vous euſſiez creu que leurs bouches auoiét douze tuyaux chacune, comme celle de cet
ancien

ancien Sophiste Denys le Milesien chez Philostrate, tant estoit grande la diuersité des tons & la confusion des voix qui celebroient ses merueilles. On loüoit la Vertu, qui luy faisoit porter ce glorieux tiltre de Iuste, & aussi tost on admiroit la force de son esprit, & sa courageuse audace, qui le roidit à maintenir la balance à l'esgal sans se laisser fleschir à l'amour, ou à la crainte, en guerre ou en la paix. Ils exaltoiēt sa rare pieté & ceste Royale pourpre d'vne virginale pudeur qui le fait Roy de soymesme, & en mesme temps traissoient dans leur discours les rares traits de la Prouidence sur luy, qui les faisoiēt doubter s'il estoit plus aggreable au ciel ou admirable aux hommes. Et les propos ordinaires estoient qu'on debuoit bien cherir & estimer sa vie, puis qu'il n'y eut iamais Monarque si glorieux & si heureux que luy, qu'il estoit né au bon-heur de la Frāce, à la Gloire du Ciel, & pour releuer la Noblesse Françoise & la remettre au train des grandes & glorieuses actions, que sa rare bonté, & l'innocence de sa vie en vn siecle tout confit en malice, sa

D 3

prudence admirable en ces ardeurs d'vne viue ieunesse, ses iugements profonds, sa tolerance en la peine, qui est tout son plaisir, & la valeur de son bras foudroyant tiennēt le monde en attente, quel pourra estre l'Automne de sa vie, puis qu'il produit au iour en l'Auril de ses iours ce qu'on a admiré aux plus experts & agguerris Heros de ces siecles anciens.

Tant de belles loüanges de ce Prince, qui croissoient tous les iours aussi bien que ses victoires & la frayeur de ses ennemis, estoient comme autant de trompettes, qui exhortoient les ouuriers au trauail, & resueilloiēt leur ardeur, cepēdant que l'Amour de sa Gloire, qui les accompagnoit secrettement, leur donnoit le courage d'entreprendre & poursuiure, & l'industrie de parfaire la grandeur des machines qu'on auoit desseigné, qui d'abord donnerent tant d'apprehension à plusieurs, qu'ils desespererent de pouuoir iamais monter ces pieces d'Architecture au feste de leur hauteur ; le moyen d'addoucir & faciliter tout fut d'ouurir sur ces gents la grande bourse du public, pour
les

les rafraïschir souuent au fort de leur sueur d'vne liberale pluye d'or. Si est-ce que, comme c'est l'ordinaire en telles occasions, ceste douce Musique qui entretenoit le monde sur les grandeurs du Roy, estoit interrompuë par fois de quelques faux bruits qui se glissoient dedans pour attiedir l'ardeur affectueuse de ceux qui s'occupoient à la conduitte de ce Royal ouurage: & la Renommée changeant aussi de ton par interualles y mesloit son faux-bourdon, & chantoit quelquefois par feintes & faussets qu'ō trauailloit en vain, que S. M. prendroit vne autre route pour aller à Paris où les affaires l'appelloient à la haste; d'autrefois au contraire que l'on seroit surpris, qu'il ne falloit pas tant entreprédre de nouueau, mais dresser ce qui estoit parfait ; que le Roy estoit aux portes, ou qu'il seroit en deux iours dās Auignon ; tellement que parmy si diuers bruits les esprits de plusieurs diuersement agitez panchoient tantost du costé de la crainte, tantost du costé de l'esperance ; & aucun ne sçauoit quelle deuoit estre son attente en vne si grande diuersité de nouelles.

La

La resolution neantmoins fut que l'on continueroit le dessein commencé de peur de quelque surprinse, que toute la despence qu'on feroit en cela reüssiroit tous-jours à la gloire du Roy, à qui on debuoit tout & les biens & les vies, la possession desquels estoit le fruit de ses admirables victoires : & l'esperance d'ailleurs leur promettoit que la presence d'vn si glorieux Monarque leur donneroit autant de contentement, que la crainte alors leur causoit de supplices. Mr. Splendian de Montmorancy S^r. du Hallier & d'Entraigues, que la Ville d'Auignon auoit deputé vers S. M. au sortir de sa charge de premier Consul, pour luy offrir les cœurs, les moyens & les armes de ses citoyens, les auoit asseuré par lettres que le Roy estoit en volonté de voir Auignon, & d'y venir se rafraischir apres auoir mis ordre aux affaires du Languedoc. Et Monseigneur Charles Felix Malatesta Marquis de Roncofreddo, Gouuerneur & Lieutenant general pour N. S. P. en cet Estat, estant de retour auec beaucoup de Noblesse du païs de saluër S. M. & luy faire les offres de la part de sa sa Sainéteté de tout ce qui dependoit de la disposition du S. Siege en son gouuernement les confirmoit en la mesme esperance & par mesme moyen en la resolution qu'ils auoient prins.

Quelques iour aprés Mõseign. l'Illustriss. Guillaume du Nozet Archeuesque de Seleucie & Vice-legat en la Legatiõ d'Auignõ venant de saluër semblablemẽt S.M. en son camp Royal deuãt Montpellier, accompagné d'Illustre Seigneur Mr. Iean François de Galliens Sr. de Castelet & Viguier pour N. S. P. le Pape en ceste Ville, de Mr. Fr. Louys Magalotti Cheualier de Malte & Coronel de l'Infanterie Italienne, & de plusieurs Gentils-hommes, fut accueilly d'vne remarquable infortune, que la malice des rebelles au Roy auoit iniquement tramé contre luy, mais que le Ciel n'auoit promis que pour faire cognoistre la solide Vertu de cet Illustre Prelat, & luy faire voir par vne glorieuse experience cõbien auant il estoit graué dans le cœur d'vne si haute Majesté: car le Roy ayãt apprins par M. Ioseph François de Fougasse Sr. de la Bartelasse, Che-

E

ualier de l'Ordre de sainct Michel, que la Ville d'Auignon deputa vers S. M. pour ce sujet, qu'en son retour il auoit esté prins sur les chemins contre tout droit mesmes de guerre, & à main armée mené prisonnier dedans Nismes, il en tesmoigna beaucoup de desplaisir, & poursuiuit auec tant d'affection son eslargissement qu'il fut aisé de cognoistre combien il luy estoit cher, tant pour la personne qu'il represente en ses charges, que pour la syncere affection qu'il a tousiours tesmoigné à son seruice. Ceste iniure faicte à vne telle Ville en la personne illustre de celuy, qu'elle recognoit comme tenant la place de son Prince souuerain, en celle de son Viguier, & de quelque autre Noblesse d'Auignon qui auoit reçeu le mesme traictemét, pensa apporter du trouble. Et tourner les instrumens de paix en armes de vengeance pour punir la temerité & l'iniustice de ses mauuais voisins, Mais la prudéce de Monseign. Illustriss. Octauib. Corcino Archeuesque de Tharse & Nonce pour sa Saincteté vers sa M. Tres-Chrestienne, que le bon-heur vn peu auparauant

auoit

auoit conduit en Auignon pour y attendre la venue du Roy, & l'authorité de Monfeigneur le General & de MM^{rs}. les Confuls, & Affeffeur, calmerent cet orage, & côuertirent toute cefte efmotion en vne nouuelle ferueur à diligenter tous les preparatifs de l'entrée Royale, & à aimer & loüer dautant plus la valeur de ce Prince, que la malice de fes ennemis leur eftoit plus odieufe.

La nouuelle qu'on receut toft apres de l'arriuée des Roynes à Lyon, & de leur deffein de defcendre çà bas pour attendre le Roy ou icy, ou dans Arles, demandoit bien cefte recreüe d'ardeur & de courage, car il fut queftion de redoubler le trauail, & faire les appareils de leur reception enfemble & par eau & par terre, & fi le temps eftoit court pour tant d'affaires, il le falloit eftendre perçant les nuicts à iour, comme fit le Roy Mycerinus chez Herodote, pour prolonger fes iours que l'Oracle luy auoit abbregez. M^r. François de Berton S^r. de Beauuois, Confeiller du Roy en fes confeils d'Eftat & priué, & Maiftre de camp entretenu, fut delegué vers leurs Majeſtez à Lyon pour leur offrir la Ville, & excuſer ſur la briefueté du temps le peu d'appareil qu'on pouuoit apporter à la ſolennité de leurs entrees, car quelque diligence qu'on y fit, on ne pouuoit ſatisfaire, au deſir de la Nobleſſe & du peuple d'Auignon pour honorer dignemēt les merites de deux ſi grandes Roynes, mais les maladies qui vindrent à s'eſtendre iuſques en ces quartiers, firent changer de reſolution à leurs Majeſtez. Et priuerent Auignon du fruiƈt de ſon attente.

Cependant Mōſeigneur l'Illuſtriſſ. Octauio Corcino Archeueſque de Tharſe & Nonce vers S. M. ayant receu de ſa Sainƈteté ordre d'exercer la charge de Vice-legat iuſques à la liberté de Mōſeign. l'Illuſtriſſ. Guillaume du Nozet faiſoit reuiure dans Auignon l'image de ce grand Cardinal de tres-illuſtre memoire Pierre Corcino, qui ayant (il y a trois cens ans) merité de receuoir l'honneur de ceſte ſacree pourpre des mains d'Vrbain V. Pape en Auignon, & de faire eriger ſon Eueſché de Florence en tiltre d'Archeueſché, apres pluſieurs autres

glorieu

glorieuses actions honora à la fin la Ville d'Auignon de ses cendres, & luy laissa ensemble vn desir eternel de ses rares Vertus, que maintenant elle recognoissoit immortalisees en la vie de cet Illustriss. & Reuerendiss. Prelat Monseigneur le Nonce, qui a participé la grandeur de toutes ses Vertus auec le lustre de son sang. Les grandes familles sont comme les grands fleuues, qui poussent de telle roideur leurs eaux dedans la mer, qu'ils ne leur permettét pas d'y perdre leur douceur & la pureté de leur premiere source: Et ce sang genereux, & si bié empourpré de l'honneur de la Vertu, il y a si long-temps, c'est tousiours conserué malgré le temps ceste gloire de germer en tous temps des personnages dignes de ces grandeurs & tres-illustres en sainctété de Vie, ou en la gloire des armes & en toute vertu. Sa Majesté tres-Chrestienne qui les recognoit en la personne de mondict Seigneur, le cherit aussi particulierement, l'honore & faict estat de ses sages conseils. Et luy comme il se voyoit alors le pouuoir en main de tesmoigner l'affection ardante qu'il a à son

E 3

seruice, desiroit auec impatience de voir toute la pompe de ce triomphe dressee, à fin qu'on peut pouruoir à ce que rien ne defaillit, qui peut accroistre la ioye de ce iour & la gloire d'vn si victorieux Monarque, pour ce sujet ayant apprins par Illustre Seigneur Monsieur Thomas de Berton premier Consul, qui venoit au nom de la Ville de vers S.M. pour auoir quelque asseurance du téps de son arriuee, qu'elle ne tarderoit guieres, il dōna ample pouuoir a Messieurs les Consuls, Assesseur, & deputez pour ladicte entree de forcer & contraindre de pleine authorité, par toutes voyes de Iustice toute sorte de personnes à tenir ouuertes & laisser percer leurs maisons où il seroit necessaire pour estayer les arcs de triomphe & ces hautes machines, qu'on auoit preparé, & à toute autre chose semblable qu'on iugeroit requise à l'auancement & ornement de ceste reception. Mais en vne affection si vniuerselle à tous les citoyens il ne fut pas besoin d'vser de violence là où chacun s'estimoit honoré de contribuer du sien pour la Gloire du Roy & la celebrité de ce triōphe.

phe. On eust plus defiré que quelcun eut le pouuoir d'appaifer la furie des vents Septentrionaux, qui tenants pour lors la capagne firent bien reffentir qu'il ne falloit pas fans peine releuer les trophees & les monumēts des Victoires de ce grād Roy, qui luy auoiēt coufté tant de trauaux ; & donnereht à cognoiftre la grandeur de fa valeur & de fon courage inuincible puis qu'il auoit furmōté en peu de temps taht de difficultéz que les feules images reprefentees en bien petit volume eftoient capables de laiffer taht de gents qui trauailloient fi long temps à les dreffer pour les faire voir en leur iour. L'air fe fondoit en terre & la terre d'Auignō s'efleuoit fur l'air, comme fi eftant touchee du defir de la Gloire qu'elle attendoit bien toft elle eut eu les Aquilons fauorables pour la monter bien haut & la faire perdre dedans fa vanité, ou comme fi la Gloire eut voulu eftorer ces beaux arcs de triomphe en l'air, ainfi que demandoit ce Roy d'Ægypte à Æfope ; s'il eut efté icy il eut eu dequoy luy fatisfaire auec fes ouuriers volants fur les plumes des aigles, car ils euffent trouué le
marrein

marrein qu'ils demandoient en l'air, sans autre peine que celle des vents qui arrachoient parfois les colónes & les corniches entieres des mains des Charpentiers & les faisoient voler sans plumes auec tant de sable & de poussiere qu'on eut creu que c'estoient les iardins pédants de Babyloné, ou que l'air fut deuenu l'hypostase & le fondement de la terre. Mais en fin la constance vint à bout de toutes les difficultez, & on fit tant & de iour & de nuict auec vn peu de calme qui suruint que tout fut en estat à l'arriuee de sa Majesté le 16. Nouembre enuiron midy selon ce que ie vay déduire.

LA

LA TRIBVNE AVX HARANGVES.

ENfin l'Aurore de ce beau iour attiré dautāt de souhaits & couronné d'autant de vœus qu'il y auoit de cœurs dans Auignon qui desiroient auec impatiēce de faire leurs yeux spectateurs de la Gloire d'vn si grand Monarque, commēça d'esteindre ces flambeaux espars dans les tenebres pour parsemer le ciel de lys entredorez & de la pourpre des roses qu'elle faisoit couler de ses mains. Le soleil qui la suiuoit tout rayonneux & brillant d'vne extraordinaire clarté sortant de l'Ocean espāchoit à plis d'or ses beaux feux sur la face de la terre, & esparpilloit ses blonds cheueux pour contribuer quelque chose du sien à la solemnité de ceste feste, quand l'air eschauffé d'vne amoureuse flamme de cet Astre royalemēt lumineux qui s'approchant d'Auignon sembloit

F

desja la saluër de la pointe de ses premiers raiz, fit soudainement & imperceptiblemēt esclorre mille plaisirs aux yeux & dans les cœurs vne resiouïssance admirable qui se lisoit sur le front d'vn chacun. Platon disoit fort bien que la face est cōme la place publique de lame où elle se promene pour se faire voir, c'est la monstre de nos pensees & le miroir de nos affections, ce qui cōtribuoit beaucoup à la ioye & au singulier contentement qu'on participoit à ce iour les vns des autres, voyants en ceste façon par tout empraintes les marques d'vne commune allegresse.

Alors on experimenta plus veritable que iamais ce que dit ce Thrasylus chez Plutarque que le Soleil cōme grand Gouuerneur & Capitaine du mōde aussi-tost qu'il a faict battre la Diane & qu'il se monstre sur les rangs, excite & remue toutes choses, les encourage au trauail, & comme il entre en lice, à la cadence des Cieux, & au branfle du premier mobile, il emporte d'vne douce violence tout ce qui est ça bas au mesme mouuement enfle la mer, ouure la bouche
& les

& les portes du vent, esbrasle l'air à secousses, le roüe dessoubs soy, donne cœur actiõ & voix aux animaux rompt le sombre silence de la nuict, & cause vn tel fracas & vn tintamarre si grand que les anciés Grecs pour ce subjet l'ont appellé κλυτός c'est à dire mene-bruit, Orphee a meilleure grace chez Clement Alexandrin, quand il le nomme πλῆκτρον, l'archet de l'Vniuers, qui donnant sur ces corps sublunaires comme des chordes bien tenduës les met toutes en ton, les touche en consonance, emparle les choses muettes, anime celles qui n'ont point de vie & excite vne harmonie admirable aux oreilles des sages qui y sont attentifs.

Et de fait à son premier leuer de ce iour aussi tost qu'il eut allumé l'horizon de ses flammes, comme si c'eust esté vne resurrection generale à vne nouuelle vie, les ruës commencerent à fourmiller du monde que la Renommee y auoit conuoqué de tous costez, la Ville a retentir du son confus des tambours, des fifres, des clairons & trompettes, du cliquetis des armes qu'on endossoit par tout des coups de mousquetades,

F 2

les cheuaux galoppoient, les Officiers couroient pour mettre tout en ordre, en mesme temps on couuroit on nettoyoit, on tapissoit les ruës, on charrioit le sable pour addoucir le paué ; qui crioit, qui rioit, qui martelloit & appelloit à laide ses autres instrumens qui estoiēt de saison pour mettre en perfection tous les arcs du triomphe & reparer les bresches que la violence du vēt y auoit fait quelques iours precedents. Au dehors le tracas nestoit pas en rien moindre de ceux qui abordoient depuis le grād matin, des cōpagnies des Gardes qui venoient en bel ordre, les enseignes au vent, & les tābours battans, du train de la noblesse qui entroit à la foule, des chariots de guerre, des cheuaux, des mulets, des littieres & carrosses, qui escrouloient la terre & estourdissoient l'air du bruit. Vous eussiez creu estre sans doubte en ces montagnes des Mages desquelles parle Clement Alexandrin, ou lon oit perpetuellement vn petelis de cheuaux & vne confusion de gendarmes qui semblent chamailler & s'entrechoquer rudement, ils battent, ils rabattent, ils combattent

au Palais de la Gloire.

battent en lair ou dedãs les oreilles, ils martellent leurs armes à coups de cimeterre, il y grefle d'acier, il y pleut de cailloux, on s'y frotte, on y trotte, on galoppe, on d'eftrappe, on s'attrappe, on fe frappe, on court, on crie, on y tonne, on eftonne tous ceux qui s'en approchent ; & le bon eft que tout fe termine par apres en cantiques de refiouyffance & Pæans de Victoire, comme vous verrez tantoft que tout cecy fe conuertit en acclamations de ioye & chants d'allegreffe pour la Gloire de Louys le Iufte.

Sur les dix heures du matin Meffeigneurs le Vice-legat & le General accompagnez du Sr. Barthelemy Guidotty Auditeur general en la Legation d'Auignon, des Officiers d'icelle, & de leurs eftaffiers, faifants marcher deuant la compagnie des cheuaux legers entretenue par fa Saincteté pour l'affeurance de cet eftat, & commandee par le Signor Octauio Vbaldini Gentil-homme Florétin laquelle eftoit en tres belle Ordonnance & richement couuerte fur fes armes complettes de cafaques d'efcarlatte clinquantees d'or, allerent au rencontre de fa

Majesté iusques à la riue de la Durance, ou en mesme temps se porterent Messieurs le Viguier, Cõsuls & Assesseur ensemble auec la pfuspart de la noblesse d'Auignõ en tres-riche équipage, les Conseillers de Ville & les plus apparents Bourgeois & Marchands pour rendre leurs deuoirs, & accueillir sa Majesté auec tous les honneurs qui leur estoient possibles.

Le Roy tesmoigna d'aggreer l'affection qu'ils luy faisoient paroistre, & de là print la campagne s'esgayant à la chasse iusques aux murailles d'Auignon. C'est l'exercice ordinaire des nations belliqueuses, dit Xenophon, de fuir le repos en trauaillant les bestes noires & faulues quãd la guerre leur manque: & telle occupation est plus loüable que celle de ce Roy de Perse chez Æliã, qui pour tromper le temps s'entretenoit en ses voyages à charpenter du bois & polir des houssines. La chasse a vn entretien masle & tres-aggreable, qui dedans le carnage conserue l'innocence, & est digne des courages guerriers tels questoyent vn Achille, vn Aiax, vn Antiloque & ces autres Heros qui

qui au siege de Troye apres auoir donné la chasse à leurs ennemys l'alloient donner au cerf ou au sanglier sur le bocageux mont Ida, pour ne dôner iamais moyen à l'oisiueté d'attiedir leur ardeur de côbattre. Quoy que ce lieu soit assez propre pour nourrir du gibier, si crois-ie toutefois que sa Majesté n'y trouua pas subjet de faire le reproche à Auignon, que Lysandre fit iadis à ceux de Corinthe de ce que les lieures dormoiét en asseurance dans l'enclos de leurs murailles: Il y a icy trop de chasseurs qui prennent à prix-fait de les resueiller le matin; & les plus communs esbats de la fretillante ieunesse sont de faire vne sanglante guerre iusques à ces petits atomes enplumez qui voltigent en l'air sans iamais auoir auec eux les trefues plus longues qu'vne nuict. Ce n'est pas de merueille si le Ciel y est si espuré, on ny laisse pas vn oyseau qui y puisse faire ombre.

Comme sa Majesté vint à la veüe d'Auignon elle fut saluee incontinent de toute l'artillerie qu'on fit iouer ensemble dans les tours des murailles & sur la roche des Dôs

ou

où eſtoient rangees toutes les coleuurines & les doubles canons de la Ville, auſſi toſt tout l'air cōmença à fremir & retentir d'vn viue le Roy, & la douce preſence d'vn tant deſiré obiect, qui couloit dedans l'ame vn contentemēt indicible, tint attachez & engluez les yeux de ceux qui regardoient la Majeſté de ſa face meſlee de tant de douceur, & d'vne ſi gaye ſerenité. Homere s'efforant parmy la ſuauité de ſes ingenieuſes mēteries, rehauſſe la beauté Majeſtueuſe de ſon Agamēnon, le faiſant de la teſte & des yeux ſemblable a Iupiter, du faux du corps à Mars, & de la poitrine à Neptune. Mais ceux qui auoient remarqué en liſant leur Plutarque la naifue deſcription qu'il fait de la Vertu, de laquelle les diuinitez meſmes empruntent tout leur luſtre, voyoient icy à plaiſir la verité de ceſte feinte, ſon maintien graue & doux, ſon regard arreſté, ne monſtrant rien de mol ny qui fut detendu, ains ayant l'air empraint d'vne courageuſe hardieſſe. L'exercice de la chaſſe, qui luy auoit faict mōter la couleur au viſage, y faiſoit flāboyer vne viue fleur de ieuneſſe qui

eut

eut tiré des flammes des cailloux & amolly le marbre pour aymer & adorer les rares perfectiõs d'vn si bon Prince. La vertu marche accompagnee de genereux guerriers naurez glorieusement par le deuant & degouttants le sang meslé ensemble auec la sueur. Et de ce train Royal combien en voyoit-on qui portoient encor leurs blesseures bandees & les playes toutes vertes en des lieux honorables, à la face, à la teste, comme autant d'enseignes, ou de precieux gages d'honneur, & des marques authentiques de leur courage. Par dessus tous lesquels paroissoit prés de sa Majesté le braue Duc de Mont-morácy redeuable de sa gloire autant à sa vertu qu'a la noblesse de son sang, qui deuant Montpelier, s'estant fait amoureux de la mort pour l'amour de son Prince rencontra pour la mort l'amour dedans la mort qui auoit prins sa place & cõbattit pour luy contre ses ennemys pour luy faire emporter d'vne rare victoire le double trophee d'amour & de vaillãce enrichy de la glorieuse pourpre de son sang, & des playes qui marqueront eternellemẽt sa valeur.

G

Sa Majefté accõpagnee de tant de nobles Heros, s'approchant defcouurit l'Infanterie d'Auignon en belle difpofition tout le long des grands foffez, diuifee en fept compagnies felon fes fept parroiffes outre la compagnie ordinaire de la Ville. Taht de pennaches qui ondoyoiét fur les tymbres d'autant de morions creftez, l'or & l'argent qui brilloit fur les armes & les riches habits des Capitaines, de leurs pages, & de la plufpart des foldats preftoient de l'efclat à la beauté des murailles qui en difputét le premier loz auec les principalles villes de la Frãce. Auffi fait il beau voir difoit cet Apollonius chez Philoftrate vne ville fuperbe en edifices, aggreable en affiette, ornee de peintures exquifes, riche en or & argent, enceinte de beaux murs bien flanquez de leurs tours autant fortes qu'elles font efleuees, mais ce qui eft de plus augufte en tel fpectacle, c'eft de la voir couronnee de braues guerriers, qui puiffent maintenir & accroiftre l'honneur de leur patrie & couurir leurs murailles de murailles de fer au lieu de fe targuer dvn tas de briques ou de pierres.

rés. Le Roy eut tous-jours l'œil deſſus, ſalua courtoiſement les Capitaines & conſidera d'vn regard fort fauorable tous ces ieunes guerriers qui ne portoient pas la mine de s'eſtre tous-jours attachez aux figues, comme diſoit iadis vn Capitaine Perſan à la loüange des Grecs. Leurs rangs de cinq à cinq eſtoient enfilez depuis la porte S. Michel, iuſques à la tribune aux Harangues qu'on auoit dreſſé ſur le bout de la grande terraſſe qui eſt hors le Rauelin de la porte S. Lazare, entre le grand foſſé, & le canal de la Sorguette ſur les aduenuës des trois grands chemins, où S. M. vint deſcendre.

Ceſte Tribune auoit de longueur 48. pieds entre 24. de large, & eſtoit aſſiſe ſur vn plinthe ruſtiqué à l'antique, hauſſé de 4. pieds. De là iuſques à la naiſſance de l'Imperiale qui la couronnoit, elle s'eſleuoit de 12. pieds par quatorze arceaux regnás tout à l'entour ſur vn rang de pilaſtres continué le long de trois faces qui eſtoient en veüe, auec leur double architraue, les frizes & corniches du dedans & dehors, ornez de leurs moulures, dentilles, aſtragales, billet-

G 2

tes enfilées, feuillages & autres enrichiſſemens. Depuis le plan de la double corniche
où portoit la voiture, les courbans pour
clorre la couronne s'alloient vnir enſemble
ſoubs vn grand globe de bronze qui les tenoit en ceruelle, & leur ſeruoit de teſte ac-
creſtée d'vne fleur de lis dorée à 4. faces,
qu'ils pouſſoient à 15 pieds de haut par deſſus les baluſtres tirés ſur la corniche entre
les frontiſpices des trois portes, & à niueau
de la corde des arcs. Chaſque portail au milieu des arceaux pliez en feneſtrages auoit
ſon perron & ſa montée facile de 7. degrez
quarrez, couchez d'azur & parſemez de
fleurs-de-lis. L'ordre eſtoit de Corinthe,
leurs colōnes de haut relief coiffées de leurs
chapiteaux de la meſme ordōnance, le tympan de leur couronnement portoit en or les
armes de Frāce & de Nauarre. Sur les iam-
bages pendoient des longs trouſſeaux de
fruits & de fueillages liez auec des rubens
volants à des muffles poſez ſur leur ceinture; La porte qui eſtoit à front de l'édifice
reſpondant au pont de la Sorguette, portoit
ſur ſes impoſtes deux victoires aiſlées tenants

ñants des palmes à la main, par deſſus dans la frize òn liſoit ces mots briſez.

LVD. XIII. GALL. ET NAV. REGI TRIVMPH.

Les autres deux portes repreſentoient aux quarrez de leur vouture, les quatre eleméts qui ſeruoient à la gloire de ce grand Monarque. L'imperiale au dehors eſtoit peinte à eſcailles, le dedans eſtoit parſemé de clefs Papales auec des fleurs-de-lis conjointes par enſemble en de parquets quarrez par de laz d'amour menez par proportion en diſtances eſgalles; toute la ſtructure n'eſtoit pas moins ſolide qu'elle auoit de beauté. Le βελδυτήειον, ou la maiſon de conſeil de la ville de Spige en Natolie eſtoit tellement baſtie, dit Pline, qu'elle n'auoit ny clou ny cheuille en toute ſa charpanterie, non plus que le pont du bois faict ſur le Tybre à Rome en memoire d'Horace; on en pouuoit oſter les poutres & ſoliues, & les remboitter dans leurs mortaiſes ſans dáger dy rien rompre. Mais d'autant plus de cloux & bandages de fer auoit-on employé icy pour affermir l'edifice contre la fureur des Aquilons qui en

ce temps s'eſtoient mis en campagne auec
tant de vehemence qu'en ceſte place qui eſt
fort expoſée, les ouuriers à grand peine
pouuoient ſubſiſter ſur leurs pieds & reparer le debris que le vent faiſoit, iuſques à ce
que le courage de ceux qui auoient la conduitte de cet ouurage en main, & l'ardente
affection de Meſſieurs les Conſuls en ce qui
concernoit l'honneur d'vn ſi grand Roy, a-
pres auoir long temps combattu les difficultez d'vne patience genereuſe leur fournit l'induſtrie de briſer le vent, tirant des
grandes tentes portées ſur des poutres, plā-
tées bien auant dans la terre, & bādées contre bize à force de cordages : M^r. Charles
Hugonenc ſecond Conſul comme tres pre-
uoyant, ſplendide & infatigable qu'il s'eſt
tous-jours monſtré en ce ſujet, loüa leur
inuention, & auſſi toſt fit courir aux marchands, & prendre de la toile propre à
cet effect, mande venir les Iuifs, leur en-
joint de fournir de perſonnes autant qu'il
en failloit, pour, dans ceſte nuict, auoir mis
ces toiles en eſtat de ſeruir le lendemain; ce
qui mit à couuert les ouuriers & leur be-
ſogne

au Palais de la Gloire.

fogne enfemble & donna le moyen de môter en fa perfection toute cefte architecture qui eftoit vrayement Royale. Les panneaux du pied-eftal regnant tout à lentour à niueau du paué de la Tribune, auoiēt plufieurs, deuifes emblemes, Anagrammes & infcriptions par dedans & dehors ces deux Anagrammes comprenoient heureufement le fubjet de l'entree.

LVDOVICVS BORBONIVS IVSTVS XIII.
GALLIARVM ET NAVARRAE REX.

I. RVRSVS VICTOR OVABIS AVENIONE
SVBTER GALAXIA M. D. LL. XVVII.

LODOICVS A BORBONE DECIMVS TER-
TIVS ET IVSTISSIMVS GALLIAE ET
NAVARRAE REX.

GALLICVS TVVS AMOR AVENIO EXORS
SVBDENDI TE, LACTIS PIAS EME-
RITO RESERABIT.

La couftume qui fert de loy en femblables folemnités obligea l'autheur à inferer ces Anagrãmes, car autrement cõme dit vn iour Henry le grand, l'eftude que quelques vns y mettent eft affez infructueux, & la gloire qu'ils tirent de leur trauail en chofe fi mince n'en eft guieres plus grande, la patience

tience y eſt plus heureuſe que l'eſprit, & les ſentences que lon y deſcouure apres tāt de diuerſes combinations des chiffres, ne trouuent lieu d'Oracle que parmy les ſuperſtitieux : les meſmes lettres auſſi bien que les cloches & les chordes d'vn luth diuerſemēt touchees diſent tout ce qu'on veut. Quoy que c'en ſoit, nos eſperances nous auoient promis que les premieres victoires de S. M. de l'annee precedente 1621. la porteroiēt du meſme vol iuſques dans Auignon pour y receuoir l'honneur du triomphe que nous debuiōs à ſa Vertu ; mais les deſtinees pour accroiſtre ſa gloire cōme marquoit le premier Anagrāme, auoient voulu redoubler ſes victoires & luy obliger de nouueau les cœurs de tout le monde auec admiratiō de ſa valeur. Le ſecond dōnoit à entendre que quand bien les deſtins voudroient differer ſa reception au palais de la Gloire, neantmoins l'Amour que la ville d'Auignon à pour S. M. luy en ouuriroit les portes puis que ſelō que le deſcrit Orphee en l'vn de ſes hymnes il a en main les clefs de l'Vniuers. Pour ce ſubjet il eſtoit la depeint en ſa forme me ordinaire d'vn enfant poupelé & bien enioué auec vne charnure tendre, delicate & fresche soubs le glaciz d'vn crespon blāc mené soubs le pinçeau en escharpe volante. Il portoit à la gauche l'escusson d'Auignon de gueules à trois clefs dor, & de la droitte lioit estroittemēt d'vne chaine diamantine la Gloire à la Vertu du Roy courōnee à la Françoise & sa robbe brochée de Fleurs de lis d'or sans nombre. Ceste lettre au dessoubs,

ÆTERNO FOEDERE IVNGO.

La deuise voisine estoit d'vn bras sortant de la nuë, armé d'vn glaiue traict contre le palais de la Gloire, auec ceste ame Espagnolle.

HENDIENDO ABRE,

qui monstroit qu'vn Roy si valeureux pour entrer en la iuste possession de sa gloire, n'auoit pas besoin de la faueur des hōmes, son espee est la clef du temple de l'honneur, qui ouure par le trenchāt tout ce qui luy resiste.

La troisiesme deuise representoit Auignon en forme d'vne Nymphe dedans vne

H

recreatiue & plaifante Myrtaïe, dont vnē branche luy couronnoit le front, fa robbe recamée de lis & de clefs d'or, elle eftoit accouldée fur vne thiare Papale & à couuert foubs vne couronne clofe & fleuronnée de lis, auec ces mots,

HÆC FVLCIT, AT ILLA PROTEGIT.
Suiuoit vn aigle eftendant fes aifles, hors les bords de fon nid, & portant vne couronne de lis au bec vraye deuife d'Auignō qui eft la Rome de Frāce, la vieille Rome eftoit reprefentee par vn aigle tenant vne eftoille au bec, celle-cy comme françoife tient des lis, qu'elle à cueilly dedans la Galaxie, la lettre eftoit,

MAIORES NIDO PENNÆ
car cōbien qu'elle aye vn grand efpace dans l'enceinte de fes murailles; neantmoins les aifles de fon courage & de fa valeur, font de beaucoup plus lōgues & s'eftendroiēt bien au dela pour le feruice & la gloire d'vn fi grand Prince.

L'herbe lotos defboutonnant fes fleurs aux premiers raiz dvn Soleil leuant animée de cet hemiftiche.

SPES

au Palais de la Gloire.

SPES VITÆ CVM SOLE REDIT, tesmoignoit le contentement que nous côceuions tous de la veuë d'vn si grand Monarque, ce que vouloient dire encore ces vers de la frize regnante au dedans de la galerie façonnez sur ce qu'vn Poëte ancien disoit de Rome en semblable subjet.

Auenio tellus sublimibus apta trophais,
Virtutis natale solum, memorabile bustum
Hareseos, quantis gestit Lodoice triumphis
Aduentu illustrata tuo.

La ioye d'Auignon ne naissoit pas seulemēt de voir ses ennemis abbatus soubs les pieds de la Vertu de ce ieune Monarque, mais encor pour vn plaisir sensible qui se glissoit dans les cœurs & les faisoit doucemēt espanoüir aux raiz visibles de ceste Majesté humaine à qui on pouuoit sans flatterie appliquer ces vers que Sidonius dit du diuin Iuppiter.

Ecce viget quodcunque vides, mundum repa-
rasse
Aspexisse fuit, solus fouet omnia nutus.

Dautre costé vn lis auec sa tige verdoyante vni d'vn laz d'amour à deux clefs croisées en fautoir monftroit la deuotion ancienne des Roys de France à l'Eglife Romaine cōtinuée en la pieté Heroïque de Louys le Iufte, & l'affection paternelle de N. S. Pere Gregoire XV. en fon endroit, auec ces mots deffous :

SEPARAR-LOS ES DESHOIAR-LOS.
Vn grand globe celefte eftoillé fur l'azur, & ceinct d'vne grande efcharpe parfemée de fleurs de lis fans nombre, fur laquelle s'efleuoient par forme de rayons de couronne la fageffe, la iuftice, la clemence, la force, & la pieté fur l'vn des hemifpheres, auec ces parolles :

COELVM TVA FACTA CORONANT,
tirées de la conception de Libanius, qui appelle les figures du Zodiaque la couronne du Ciel, donnoit à entendre comme en vn abbregé de cefte entrée Royale que les vertus de ce Prince font le riche diademe de fa gloire, & l'ornement le plus rare du ciel. Sur la porte qui eftoit à droicte, par laquelle fa Majefté entra dans la Tribune, parmy diuers trophées d'armes dont elle eftoit eftofée, la frize portoit cefte briefue infcription :

FER

au Palais de la gloire.

FERRO RVMPENDA PER HOSTES EST VIA.

Il faut combattre mille difficultez, & par mille dangers heureusement surmontez, s'acquerir de la gloire, ce que signifioient ces autres mots sur la porte opposée, qui ouuroit le chemin au triomphe:

VICTOREM HÆC DEINDE SEQVETVR GLORIA.

Ce ne fust pas assez à ce premier conquerant des Indes d'estre fils de Iupin, comme dit Nonius en ses Dionysiaques; ny d'auoir succé ce laict Diuin de la mammelle succrée de Iunon, qui luy auoit instillé l'immortalité, les Heures ne luy eussent iamais permis l'entrée au Ciel, si ses glorieux exploits n'eussent porté tesmoignage qu'il estoit le fauory de la Vertu, aussi bien que son extraction diuine l'auoit fait le mignon de la fortune. Aux costez de la grãde porte sur deux marbres quarrez se lisoit ceste inscription expliquant tout le subiect, qui retiroit plus de la naifueté affectueuse que de la subtilité de ceux qu'on y faisoit parler.

ERGO AVENIONE TRIVMPHAS LVDOVICE
HEROVM INVICTISSIME, VICTORVM
CLEMENTISSIME, SEMPER IVSTE, ET
GLORIOSE TECVM TRIVMPHANTIBVS LI-
LIIS LACTESCIT AVENIO, FIT GLORIAE
TVAE COELVM, LILIORVM SOLVM, SOLIVM
HEROVM, AVGVSTISSIMVM MAIESTA-
TIS THEATRVM, IN QVO REX OPTIMO-
RVM MAXIME SPECTACVLVM MAGNVM
ES, PRINCIPVM DECVS, LILIORVM CAN-
DOR, CORONA VIRTVTIS, EXEMPLVM HV-
MANAE FOELICITATIS; CVI TOT SVNT
TRIVMPHI QVOT HOMINVM PECTORA,
TOT PRAECONES QVOT ORA CIVIVM, TOT
IMMORTALIS TVI NOMINIS BVCCINATO-
RES QVOT AVENIONE, TVO MVNERE RE-
SPIRAMVS. TRIVMPHA TIBI, PRINCEPS
AVGVSTISS. TVISQVE AEVITERNVS VIVE,
TIBI VIVIMVS, TIBI ET GLORIAE TVAE MO-
RIEMVR NEPOTES EDOCTVRI NON NI-
SI ALLABORANTE NATVRA PRINCIPES
OPTIMOS AETERNARI. TRIVMPHALEM
HANC POMPAM QVALIS QVALIS EST,
INTER VIAS LACTIS ET LILIORVM AERE
SVO ACCVRAVIT MAIESTATI TVAE ADDI-
CTISS. S. P. Q. AVEN. COSS. ILLVSTR. AC
MAGNIFIC. DD. THO. DE BERTON TVO EX
ASSIDVIS CVBICVLARIO. CAR. HVGONENC,
ET PETR. BAYOL ET SPECTAB. D. PE. IOS.
DE SALVADOR I. V. D. ASSESSORE CON-
SVLTISS.

Socrate iadis fit vn reproche au Roy Ar-
chelaus d'auoir esté plus que magnifique à
se

au Palais de la Gloire. 63

se baſtir vn riche & ſuperbe palais,& cepédant il auoit laiſſé ſon ame demeublée des vertus, qui ſeules ſont le vray ornement d'vn Prince. Pluſieurs, diſoit-il, viendront paiſtre leur curioſité,à la veüe de ceſte majeſtueuſe façade, & des autres beaux traits de ceſte excellente architecture qui meſpriſeront de faire vn pas pour auoir le ſpectacle libre de voſtre royale Majeſté. Mais il en eſtoit icy tout au contraire, où l'eſtoffe & les peintures n'auoient rien de plus illuſtre, que d'eſtre les images des plus glorieuſes vertus, qui iamais ayent honoré ſceptre & diademe de Roy. Sa Majeſté y eſtant arriuée ſur les trois heures apres midy, s'alla ſeoir ſur le throſne qui luy eſtoit dreſſé,couuert de ſon daiz fleurdelizé à la royale entre ſes Princes, Conneſtable, Ducs, Pairs, Mareſchaux & Officiers de la Couronne,& de Meſſ.le Vicelegat & le General animant de ſa royale preſence ceſte Royale Cour, & auiuant de l'eſclat de ſa Majeſté ces couleurs mortes, & la beauté de tout cet edifice. C'eſtoit à faire icy à ce braue Dieu de l'eloquence Mercure, de venir de la part
des

des Diuinitez recognoiſtre & accueillir S.M. de quelque riche tiſſure de paroles de ſoye, telles que ceſte Royne de Perſe diſoit eſtre conuenables aux oreilles des Roys. Lucian à ces fins le loge à la porte du ciel, pour y receuoir honorablemét les Dieux & les Heros qui y font leur entrée, cóme il en ſçait tres-bien le meſtier: mais il n'en fallut pas emprunter vn autre plus capable que celuy dont l'eſprit prompt, la douce grauité, & la riche façonde auſſi bien que le deub de ſa charge auoient cóſtitué le Mercure, & la langue des Conſuls & de toute la Ville, pour porter fidelement & auec plus d'honneur la parole à S. M. de l'affection enflammée que conſeruent tous les Ordres, eſtats, & Citoyens d'Auignon au ſeruice d'vn ſi grand Prince, dont les rares vertus obligent tout le monde à la pourſuitte de ſa gloire. Ce fut Mr. Pierre Ioſeph de Saluador Docteur ez droits qui en titre d'Aſſeſſeur vint au milieu de Meſſieurs le Viguier & les Cóſuls ſe mettre à deux genoux deuant S. M. puis eſtans releuez par ſon commandement il harangua en ces termes.

SIRE,

au Palais de la gloire.

SIRE,

Le tres-heureux & tres-glorieux voyage de V. M. a du rapport auec les diuins regards & demarches du Soleil radieux. Car si l'Vniuers ressent les admirables effects de son cours iournalier, aussi les celestes rayons de vostre face d'or qui va partout & void tout, & l'emery de vos armes foudroyantes ont debroüillé & escarté les nuages & tempestes, qui nous accueilloient, & calmé nos craintes. O trois fois doncques heureux ce iour 16. de Nouembre ! qui sera eternellement festoié par nous & nos Nepueux pour la triomphante arriuée de Louys trois fois le Iuste. Au moyē de quoy nous voicy prosternez aux pieds de V. M. pour vous consacrer en toute humilité, fidelité & obeyssance nos fortunes, nos corps & nos cœurs, ensemble de tous les Ordres de vostre tres-fidelle & tres-obeissante Ville d'Auignon, laquelle sortant par ses portes qui sont toutes decloses pour vous donner les clefs de son cœur, se sacrifie à vos diuins merites solemnellement par trois fois & vous adore mille fois.

Le Roy repartit, qu'il les remercioit de

I

leur bōne volonté, & quand ils voudroient qu'il leur tesmoigneroit ses bōnes affectiōs.

De là estant questiō d'enfiler lordre qu'il falloit garder en la pompe du triomphe, la difficulté nasquit quel rang debuoient tenir Messeigneurs le Vice-legat & le General parmy les Officiers de la Couronne. Sa Majesté consulta cet affaire dedans la tribune aux harangues auec ses Princes, Connestable, Ducs, Pairs & Mareschaux qui estoient là presents, demanda le liure de l'entrée d'Henry III. en Auignon pour y voir l'ordre, qu'on auoit estably : mais n'ayant pas esté descrite, ny mise soubs la presse on eut iuste sujet de blasmer la negligēce de ceux ausquels cela touchoit de ce temps, & de toute la Ville, qui auoit accueilly vne Majesté si haute d'vn honneur, qu'elle auoit la premiere condamné à vn perpetuel oubly, ou plustost ceux qui aueuglez, comme il arriue souuent, d'vne maligne passion d'enuie pensants de supprimer ainsi le nom & estouffer la memoire de quelques Citoyens, qui ne pouuants estre teus au recit de ceste reception royale eussent possedé trop
d'honneur

d'honneur à leur gré, priuerēt ainsi ce Prince du tesmoignage qu'on deuoit à sa gloire. En fin S. M. de laquelle on peut dire comme de l'Empereur Theodose qu'elle n'a pas moins de soin de l'honneur de l'Eglise que du sien propre, conclut que Monseigneur le Vice-legat marcheroit prés de sa personne entre M. M^{rs}. les Mareschaux de Pralin & de Crequy, & M^r. le General auroit le milieu entre M^r. le Mareschal de Bassompierre & M^r. le Comte de Schomberg representant le grand Maistre de l'artillerie, ainsi que vous verrez tantost aprés. Colez en ceste attéte vos yeux sur la beauté de ce grand & superbe portal dressé à l'opposite de la Tribune aux harangues, comme fit le Roy auec toute sa Cour, qui s'entretint de ce spectacle cependant que la Noblesse & ses gardes prenoient le deuant & entroient dans la Ville.

LE PORTAL DE
FELICITÉ.

SI c'estoit assez pour rendre les Princes glorieusement heureux d'estre les mignon sde la Fortune, naistre par sa faueur dans la majesté des lis comme les Empereurs Porphyrogenites dans la pourpre, recognoistre l'honneur & la royauté pour leur patrie, & pouuoir porter à iuste tiltre tout le long de leur vie ceste deuise de l'Orateur d'Athenes : BONNE FORTVNE; ceste porte du ciel, qui ouure le chemin à la possession de la vraye gloire, & au comble de la felicité occuperoit vn peu dauantage ces mignardes portieres les Heures, que vous voyez là deuant vous, qui font couler si doucement le temps dans les delicatesses de leur oysiucté, & de leur bal qu'elles entretiennent iour & nuict à l'harmonie de ces globes mouuants, & tout ce lieu ne seroit pas si espineux, ny les
vesti

vestiges si rares de ceux, qu'vne generosité de courage fait aspirer à de si hautes entreprises. Mais il y faut encor le consentement de la Vertu, à laquelle appartient, au dire de Libanius le Sophiste, de prescrire les bornes de nostre celebrité, & determiner les faueurs que nous deuons receuoir de ceste Deesse, qui bien-heure à ses premiers accueils ceux qui ont trauaillé à sa recherche. Il faut, comme l'on dit, inuoquer la fortune en estendant la main.

Callimachus auoit bien rencontré, disant, qu'il ne falloit pas mesurer la felicité aux lieuës Persiennes, ny à la grande estenduë des terres ou Royaumes que l'on possedoit. La Vertu, comme a sagement remarqué Homere, pourueut Iupiter de tout cela, le releua sur ses freres, le comblant de gloire & de felicité beaucoup plus auantageusement qu'eux tous, quoy qu'ils participassent esgalement le bon-heur d'vne glorieuse naissance. Elle luy donna premier qu'à tout autre l'entrée de ce diuin sejour, & fut apres confirmée par luy en l'exercice de sa charge, de recognoistre & faire le choix de ceux, qu'il faut admettre à la iouyssance de la gloire des Dieux, comme va chantant ce Poëte, qui a recueilly ses Oracles de la cendre eschauffée de son Virgile:

——ire per ora
Nomen in æternum paucis mens ignea donat,
Quos pater æthereis cœlestum destinat oris.

La Fortune & la Vertu conspirant par ensemble sont la mesure de nostre felicité & comme le Sanctuaire où il faut adorer ceste Diuinité tous-iours presente, elles sont capables cōiointement de releuer vn hōme au rang des demi-Dieux & le rēdre parfaictemēt heureux, & iamais la felicité ne va sans elles. Les Poëtes qui ont logé les hommes vertueux dans les Isles fortunées, ou aux chāps de la Gloire & de la felicité tous parsemez de fleurs d'vne blancheur & beauté immortelle, ont donné à entendre ceste verité dans leurs mysterieuses feintes, & on la voyoit representée en ce Portal de la felicité, qui ne s'ouure iamais à aucū qui ne commence des-lors à estre nōbré entre les bien-heureux dans les clartez d'vne parfaicte & eternelle gloire ; le voicy descrit comme il estoit,

au Palais de la Gloire.

eſtoit, vous deſcouurirés aprés ſes myſteres.

Ce portail magnifique en ſon architecture, beau en ſa ſymmetrie, majeſtueux en ſa grandeur, aggreable en peintures, riche en ſes ornemēts s'eſleuoit iuſques à ſon feſte de 74. pieds ſur 72. de large, flanqué de deux grands bouleuars pointez en eſperon & chargez de trois tours les vnes ſur les autres garnies de leurs creneaux & marche-coulis en relief, comme eſtoit tout le reſte, dont les plus hautes eſtoient couuertes de leurs domes faits à eſcailles entrecouppés de rayons dorez du haut à bas auec vne pōme chacun & vne aiguille au deſſus, qui enfiloit vn Triton cornant de ſa buccine & tournant à tout vent. Les colomnes miſes pour ornement de la porte aux deux coſtez ſur leurs plinthes eſtoient de marbre gris, leurs baſes & chapiteaux de ſtucq brōzé en fueille, le tout d'ordre Dorique, & portoiēt vn double couronnement l'vn en rond, l'autre en pointe ayants, leurs doulcines & ſaillies à proportion. Par deſſus eſtoit vn perron auec ſa gallerie rāpante bordée de ſes
balu

baluſtres, qui regnoient tout au long ſur la grande cornice, & couronnoient le premier corps d'embas. Aux angles du perron ſe voyoient depeints Caſtor & Pollux couchez ſur leurs couldes, armez à l'ordinaire & appuyants l'autre bras qu'ils auoyent à deliure ſur le bouton de leurs lances, cet eſcriteau volant autour,

QVÆ DIVISA BEATOS EFFICIVNT, COLLECTA TENES.

L'image du grād Henry tirée en brōze plus grande que le naturel paroiſſoit dans vne haute niche voutée à demy retube ſur le perrō encourageāt le Roy heritier de ſa valeur auſſi bien que de ſes deux couronnes à prendre à ſon exéple le chemin de la vraye Gloire par ces paroles eſcrites en la frize,

ME DVCE CARPE VIAM.

Les conſoles, la cornice & le couronnemēt de ceſte niche eſtoient à la Corinthienne, derriere laquelle vne haute tour rōde à couuert de ſon dome s'eſleuoit & pouſſoit dās les nuës vn Triton enflant ſa coque de mer des victoires de Louys le Iuſte ; & ſe ioignoit à celles des extremitez par deux aurres

tres tours quarrees aſſorties de leurs creneaux, barbecanes & domes qui portoient
deux autres Tritons ioüants de leurs trompettes, que le vent neantmoins, qui s'eſle-
ua quelques heures auant l'arriuée de S. M.
empeſcha de poſer en leur place. Le corps
de ces dernieres tours eſtoit reueſtu de deux
grands tableaux faits de deux excellentes
mains, dont l'vn repreſentoit la prouidence
Diuine enuers le Roy, ou la fortune de ce
Prince & l'autre ſa vertu, que nous depein-
drons icy auec la plume, puiſque le pinçeau
ne peut pas voler en tant de lieux & ſe burin ne les a ſçeu bien exprimer icy.

TABLEAV PREMIER.
LA FORTVNE ROYALE.

Qve craignez vous? Meſſieurs, voſtre cœur,
côme ie voy eſt en allarme & reçoit des aſ-
ſauts bien violents de ceſte effroyable tempeſte,
auſſi bien que ce vaiſſeau royal, contre lequel la
mer preſomptueuſe & les vents rebelles ſe ſont
armez d'vn courroux implacable. C'eſt vn for-
tunal & vn ſubit, mais furieux orage de ceſte
plaine ondoyante, ſur laquelle vn ieune petit Roy

K

tout amiable, ie vous dy l'amour mesme, sortant de faire vie, se trouue desia à trois doigts de la mort. Ce rocher, que vous voyez, est la cauerne d'Æole, d'où côme l'on peut iuger, quelques sourdes haleines ont bourfoufflé & poussé en reuolte cet elemẽt muable, se tenant neãtmoins à couuert des flots mesmes, qu'ils auoient soufleué, iusques à ce que enfin l'air & la mer ensemblemẽt esmeus par les Aquilons seditieux se sont monopolez pour faire guerre ouuerte à ce petit demy-Dieu, qui va triomphant sur les ondes. Pensez vous que cela l'espouuante? rien du monde, tant s'en faut, que mesmes il en rit d'aise, & prend cela pour vn aggreable exercice de sa vertu. Voyez le, comme tenant en main le gouuernail auec vn visage asseuré, il mesnage sagement le cours de cette nef fleurdeliżée, le vent le veut forcer, mais il force le vent & va malgré ses bouffées violentes, tenant à deshonneur de reuolter mesmes la prouë, ou de faire marrage, beaucoup plus de se laisser aller au son de la mer, ou de se rendre à la cruauté de ses assauts: il est resolu plustost de la maistriser & de ne sortir de l'orage qu'à trauers de l'orage. Voyla sa vie en butte à la rage des ondes, le mast est ja rompu, les voiles, les antennes, les cordages brisez,

au Palais de la Gloire.

sez, mais non pas son courage, qui luy fournit seul de tout cela, & luy promet, si la necessité l'y contraint de faire comme Hercule un tillac de son corps, de ses bras d'auirons, & un timon de son espée, pour passer ainsi sur le ventre à tous ses flots mutinez. Cependant la tourmente croist animée de la rage des vents, les ondes font blanchir une escume bruyāte qui choque les aisles & donne de rudes secousses à ce foible vaisseau pour le faire entr'ouurir & y donner quant & quant l'entrée à un triste naufrage. L'espouuātable bruit & l'abboyement des vagues courroucées, cet air enseuely sous l'horreur des tenebres entremeslées d'esclairs, ces tonnerres qui canōnent dedans, auec ces dragons de mer qui s'esleuēt sur mer pour fondre sur la nef & l'engloutir dedans les ondes, tout cela n'est il pas suffisant de faire eschoüer le plus roide courage? Non pas le sien, car voy-le là encores sans danger au milieu de tant de dangers, qui se flanque de son innocence, & parmy ceste agitation extreme maintient son cœur en sa droitte assiette, sans bransler là mesmes où tout bransle; ses yeux ne perdent rien de leur douceur dedans ceste amertume, il a les traits de la mort deuant ses yeux & il porte ceux de l'amour en son visage:

K 2

c'est ce qui fait despiter ces obstinez, les rayons qui sortent de sa face, comme d'vn doux soleil, picquent & esguillonnêt leur fureur & resueillent leur enuie de le voir submergé.

Cruels Aquilons! ô plus felons mille fois & plus endurcis que ne sont ces rochers, qui vous seruent de retraitte, si parmy les glaçons de vostre cœur la pieté peut auoir quelque lieu, si vous n'en auez encor banny toute la côpassiô auec-que le respect, recognoissez ceste diuinité à qui la nature & ses vertus vous obligent de rendre hommage, ascoisez vos manies, appaisez ces brusques tempestes, voulez-vous estouffer dãs les ondes le fils, de qui vous auez adoré le Pere? ou ce marbre flottant n'est-il pas assez rigoureux & impitoyable, sans que vous luy inspiriés vne desnaturée cruauté auec que ces haleines violentes? Mais c'est ietter des paroles aux vents, qui n'ont yeux ny oreilles, ils redoublent leur rage & nous donnent responce à coups de tourbillons, qui font ondoyer l'air & les eaux par ensemble, confondants tous ensemble le Ciel & l'Ocean, pour y faire à la fin expirer celuy, par qui nous respirons tous. Si vous craigniés auparauant pour luy, il est temps de redoubler vos craintes, puis que le mal redouble. Hé! Dieu voyla

au Palais de la gloire. 77

là les auant-coureurs de la mort, tous les perils liguez ensemble, qui greslent sur sa teste. Ceste mer comme vn corps energumene, agité de mille esprits diuers, herisse tout son dos, bondit horriblement, s'agite, se tourmente, brisant flot contre flot, amoncelant montaignes sur montaignes, puis creue tout à coup de despit de se voir surmontée d'vn adolescent, qui triomphe de sa forcenerie: elle rage, elle enrage, elle orage son front, elle outrage le Ciel de l'orgueil de ses ondes, frenetique, insensée, transportée de rage ainsi qu'vne Bacchante, elle escume, elle gronde, elle ronfle, elle baue pour brauer ce braue Roy, qui mesprise tous ses vains efforts demeurant inuincible : aussi la vraye Vertu ne fit iamais naufrage, & les plus fortes secousses de la fortune ne luy sont qu'vne eschole & vn apprentissage d'honneur.

Attention, Messieurs, le Roy parle, il à ouuert la bouche, mais ceste Bize enragée, qui de ses bouffées effroyables, fait engloutir les vagues dans les vagues, engloutit dedans l'air sa voix & sa parole: Si pouuez-vous bien toutefois en ces traits d'asseurance, que son courage à tiré sur son front, lire ce qu'il à dedans l'ame, & sa contenance me fait croire, qu'il à prins en bouche ces paro-

K 3

les de Cæsar en semblable rencontre. Puis que dés maintenant, dit-il, vous pouués entonner les glorieux pæans de mon triomphe, que perdez-vous le temps à vous affliger par de vaines frayeurs? Est cela croire que ie n'ay aucune crainte de la mort, de la redouter ainsi pour moy? Vostre crainte augmente le danger, & diminue l'honneur de ma victoire. Cecy est vne tourmente pour la mer & les vents, qui se formenent eux mesmes, & non point ce vaisseau affermy & contrebalancé de la charge qu'il porte. Ils ne peuuent par leurs seditieuses esmotions rien, qu'escumer leur rage, & auancer ma gloire, & ne remporteront en fin pour eux que la honte d'estre descheus de leurs perfides & trop audacieux desseins. Et puis croyez-vous que la Prouidence dorme pour moy dedans ceste nuict sombre, ou qu'elle ne puisse pas pleiger ma vie parmy ceste bourrasque? L'innocence de mes intentions condamne toutes ces deffiances. Le Ciel n'a permis tout cecy, que pour le comble de mon bon-heur, il à renuersé & les airs & les mers, pour y trouuer dequoy enrichir ma couronne de gloire; quand il en sera temps, il fera voir, qu'il n'a pas moins de pouuoir de calmer ces orages, que de permettre leur insolence. Et de fait considerez

au Palais de la gloire. 79

derez-vous vn petit rayon, qui va defcoufant ceste nuë, & vne Deeſſe au deſſus, qui a deſ-ia la teſte & la moitié du corps à deſliure de ceſte obſcurité? vous diriez que le Ciel à rallume tous ſes feux ſur elle, car ſa robbe eſt toute emperlée de petits aſtres eſtincelants, ce ſont des yeux ouuerts, qui font voir que c'eſt la Prouidence diuine : elle verſe de la main droicte ie ne ſcay quelle liqueur dedans la mer, ou du laict, ou de l'huile, qui met ſes ondes à l'eſgal, l'accoiſe, la deride, par tout où elle tombe, tous les vents s'en vont morts. Mais ces bleuës Diuinitez, qui s'eſleuent des flots auec leur gayeté naturelle, diſſipent-elles pas toutes les craintes, qui embroüilloient voſtre eſprit? Ils ramenët le calme du fonds de l'Ocean, où l'orage l'auoit enſeuely, & font feſte de leurs battemens de queuë, caprioles & vireuoltes à ce nouuel aſtre de la mer, qu'ils adorent ; les vns ſoufflants en de coques de limaſſes de mer tournés, en mille eſtranges façons, dont ils font des buccines, cornent ſa victoire bien-haut, & puis dittes que les poiſſons n'ont point de poulmons ; les autres voltigent deuant luy, comme s'ils luy vouloiët explaner la route, qu'il doibt tenir. Le bon Nérée & Glaucus ſe ſont iettez du coſté de la pouppe

pour

pour le pousser doucement hors de la tempeste. Et que fait cestuy-cy deuant nous, aux yeux pers, les oreilles accrestées, la barbe en queüe de carpe, qui se met en arc-boutant côtre les flancs de la nef, & raccourcy ainsi qu'il est, ressemble vn lieure en forme ? Il est là de vray bien affairé & à bonnes enseignes. il en sue à grosses gouttes, car sans luy le flot en deux coups auroit desia ietté ce vaisseau hors de la toile. Vous ne dittes rien pourtant de l'artifice du peintre, qui à sceu mipartir si industricusement vne mesme couleur à deux imitatiõs si differentes du calme & de la tempeste. Ne iureriez-vous pas qu'il auoit resserré les vents dãs son pinçeau, comme Vlysse dedãs ses oultres, pour les faire de là souffler bien à propos contre sa couleur, & l'orager ainsi sur le tableau. Commët que ce soit, l'art y est admirable, mais sur tout le subject, qui est vostre fortune, grand Monarque des fleurs de lis. Le Poëte Alcman l'a dit fille de la Prouidence, & la voicy, auec elle, qui vous vient au rencontre, ramenant à fleur d'eau ie ne scay quelle pesche de grands vaisseaux armez, qu'elle a, durant cet orage, engagé dedans ses filets, afin qu'elle ne sembla pas n'auoir rien contribué à vos victoires. Ces petits Dieux marins qui luy font escorte,

escorte, follastrent à l'entour, & font mine d'auoir
part à la prise. N'est-ce pas quelque Pyrrhique
qu'ils dansent de si bonne grace, les vns montez
sur des hippopotames, les autres tirés par des
Dauphins sur de grandes coquilles ; tous armez,
comme ils sont, de cottes escaillées faites à la naturelle ? Ils portent pour heaumes des museaux de
poisson empennachez de roseaux ; leurs targues
sont faictes de quelques tects de tortues de diffe-
rente façon, les vns canelez, les autres crenelez,
quelques autres houppés, recoquillés & remplissez
au dedans. Ne craignez pas pour cela, que leur
ieu s'ensanglante, ils n'en ont point d'enuie, & ils
n'ont pas aussi pour armes offensiues que quelques
ioncs marins, qui leur seruẽt de glaiues & de lances, dont en voy-là vn, qui menace de faire voler
les esclats bien loin, tandis que d'ailleurs la Renō-
mée, ceste Deesse, que vous voyez toute yeux &
toute oreilles, emperlée de langues & emparlée de
toutes parts se vient poser sur le trone de ce mast,
rompu par la fureur de la tempeste, pour prendre
le vent, & mesnager sa rage dans ses aistes, esten-
duës à guise de voiles. Elle embouche ses deux trō-
pettes à la fois, & les anime des hautes loüanges
de la Magnanimité de ce grand Roy, qu'elle fera

L

bien tost surgir au haure d'vne merueilleuse Victoire, apres auoir fait mourir mille fois de frayeur ses cruels ennemis.

O le comble de vostre bon-heur ! Allez, mon Prince prouoquer desormais les malheurs, puis que vous les sçauez si bien tourner en vostre gloire, cherchez courageusement ce que les autres fuyent sagement, & aimez ce qu'ils craignent. Il n'appartiēt qu'à vous de faire tenir la droite route à la Vertu malgré la violence des orages, de croistre par vos propres debris, de profiter de vos dommages & prendre pour deuise les paroles de ce rouleau volant sur la peinture.

QVÆCVNQVE EST FORTVNA, MEA EST.

Si les Roys sont des Prouidences logées en terre, comme dit Themistius, pour veiller sur les commoditez de leurs subjets, il ne faut pas doubter, qu'il n'y en ait aussi vne dedans le Ciel, qui veille particulierement à leur conseruation & à l'aggrandissement de leur puissance ; mais le train, qu'elle fait tenir à ceux qu'elle cherit le plus, est biē differēt de l'ordinaire des autres; elle les nourrit

rit de fer & de biſcuit d'acier, còmme l'aimãt, & de moüelles de Lyon & de ſanglier ainſi que ſes Achilles. La fortune, la plus fauorable pour eux, c'eſt celle qui leur eſt la plus cõtraire, & qui les entretient touſiours frais & vigoreux en l'exercice d'vne maſle vertu : elle leur obiecte diuers monſtres à dompter, & de malheurs, qui leur ſeruent aprés d'autant de degrez, pour mõter à leur gloire; & alors elle va la premiere eterniſant leur valeur, & eſpandant leur reputatiõ par tout l'Vniuers : au lieu que ces fortunes delicates & molles deſtendent la Vertu, relaſchent nos courages, & nous font touſiours pancher du coſté de noſtre ruine. Auſſi la vraye Gloire ne pardonne iamais ſa recherche à aucun, comme ſi elle les rendoit coulpables, elle leur vend cheremẽt ſes faueurs, comme elle fit à Hercule. Alexandre ſe vãta, q̃ ſon Royaume luy auoit couſté le ſang & la vie, c'eſtoit dans le champ des peines & des douleurs, qu'il auoit cueilly ces palmes immortelles, qui portent pour fruict la renommée & les loüanges qui ne fl eſtriſſent iamais.

L 2

Ce grãd Monarque des lisque l'on peut bien peindre à teste descouuerte aux iniures du temps, côme celuy qui a sacrifié sa premiere ieunesse au vray Honneur des armes & de la Vertu, à bien subject de croire, qu'il est des plus cheris mignons de la Prouidence, puis qu'elle l'a ainsi tousiours exercé dés son bas aage dãs les aduersitez, & dressé en l'eschole de l'experience, à mespriser les rigueurs d'vne fortune contraire, & soustenir la cruauté de ses assauts. Elle l'a esleué par ce moyen, si haut au dessus des tempestes, en vn lieu si espuré, si clair, & si serain, qu'il regarde maintenãt desdaigneusemẽt ces orages, comme soubs ses pieds. Sa Vertu semble mener la Fortune en lesse, tant elle se ioüe bien de ses traits, & les fait seruir à son plus aggreable exercice. Les cheuaux Lycospades, côme on dit, qui ont esté rescous de la gueule du loup, en sont plus genereux, non pas seulement que la crainte du danger, qui les auoit accueilly, leur aye subtilisé le sang, & aiguisé le courage, mais pource que iamais ils ne se fussẽt eschappez de leurs dents, si la nature ne les
eut

eut auparauant auátagé d'aſſez de forces & de generoſité ſuffiſante, pour combattre & demeurer vainqueurs de leurs ennemis. Les infortunes ne nous font pas vertueux, mais elles mettent au iour noſtre vertu pour la faire recognoiſtre.

Ce braue Prince, qui eſt ſi heureux en ſes mal-heurs, qu'ils ne l'ont oſé attaquer, qu'en le comblant de gloire, s'eſt veu auſſi toſt les armes, que le ſceptre au poing, accueilly de la tempeſte, auſſi toſt qu'embarqué dans la nef de la Royauté, & la Vertu, qui eſt, comme dit le Platon Hebrieu, des derniers fruits de noſtre Vie, s'eſt recueillie meure parfaictement en ſes premieres actions. Il a tiré d'vne main, comme Iuppiter, pour ſon premier eſſay, tous les Dieux enſemble attachez contre luy, & bandants toutes leurs forces au bout d'vne chaiſne, pour le demettre de ſon throne. Depuis, ſes rebelles & ennemis de ſon authorité, s'eſtans laſſez d'eſtre ſupportables, l'ont contraint de deſcharger ſon iuſte courroux ſur leurs Villes baſtionnées & munies cõme autant de forchereſſes, au milieu deſquelles leur

L 3

insolence se croyoit inexpugnable. Leur rebellion n'a servy, que pour esleuer ses trophées, & fournir de matiere à ses triõphes, & à faire cognoistre, que la peine de calmer vn orage moindre q̃ celuy-cy, n'estoit pas vn exercice digne de sa Vertu, qui n'y a iamais voulu admettre l'ayde de ceste douïllette Fortune, qu'en la prise de quelques vaisseaux Hollandois sur la coste de Prouéce. Il a fait fondre sur eux sa vengeance cõme vn foudre : il n'y a iamais rien eu de si soudain, si actif & si puissant, comme vous remarquerez en ce secõd tableau de la desfaicte de Sou-bize aux Isles de Ré, où S. M. fit paroistre en admirable ordonnance ceste admirable armée du Dieu viuant, comme parle Philon, ie veux dire toutes les Heroïques Vertus, que l'on peut souhaitter à vn Prince, qui le rendirent reformidable & triomphant glorieusement de ses ennemis.

TABLEAV SECOND.

LA VERTV DE LOVYS LE IVSTE.

SI le flot & la marée de l'Ocean sont l'accés de sa fiebure, qui le trauaille continuellemẽt, auec
autant

au Palais de la gloire. 87

autant de vehemence, pour le moins, qu'elle fait les Lyons d'Afrique, on luy peut bien pardonner ce violent paroxysme, qui luy cause de si viues estraintes, il n'en eut iamais plus iuste sujet; car il a prés de soy ce ieune guerrier d'vne face indomptable, tout ardant de cholere, qui secoüant brusquement sa perruque, comme le Iupiter d'Homere, fait crouler la terre soubs ses pieds & partroubler les elemens de crainte; & de ce foudre qu'il tient allumé dans sa main, menasse de luy faire le mesme traittemẽt, que Vulcain fit au fleuue Scamandre, à la guerre de Troye, s'il ne retire promptement ses eaux, pour luy donner passage. Le bon Neptune, qui vous voyez là monté sur ce poisson, qui de sa large queüe recoquillée luy dresse vn daiz naturel sur la teste en recognoissance de souueraineté, n'en est pas hors de peine, car aprés s'estre tellement hasté, qu'il ne s'est pas donné mesmes le loisir d'atteller ses coursiers, pour se faire tirer icy sur son char ordinaire, & mettre ordre à ce trouble, il trouue que ces flots murmurent contre luy, & n'entẽd pas la game, ains il croit que c'est faute de respect enuers ce ieune Prince, dont il entre en humeur, & ne void pas, que c'est vne sourde coniuration de ces autres Diuinitez de mer, ca-
chées

chées la dessoubs, qui menace sa teste, pour faire passer absolu Dieu des ondes, ce courageux Monarque de la plage; le mot du guet, qu'ils font couler entr'eux, est cet hemistiche d'Homere εἰς κοίρανος ἔςω: il n'en faut qu'vn desormais qui porte le Trident de feu sur la mer & sur terre : aussi bien ce bō fils de Saturne est desia cassé de vieillesse, il se laisse passer tous les iours sur le ventre à mille petits corsaires, semblables à ceux-cy que vous descouurez dans ceste Isle, ennemis des Royautez aussi bien qu'ils le sont des Diuinitez. Pauures fols, les voyla perdus; leur conscience le leur dit bien au dedans, & les fait fuir esperduement par tout, où la fureur & la crainte les talonne. Ils n'ont pas le cœur de resister aux traicts de ce sacré visage, qui vient apres eux les menaçant de sa iuste cholere, beaucoup moins oseroiët-ils luy rendre le combat. L'horreur de la mort, qui se presente à leurs yeux, leur fait auoir recours à ces vaisseaux appareillez au port, pour embarquer sur l'eau le debris de leur infortune : mais la mer est basse, & la promptitude de celuy, qui les poursuit, fait que leur dessein demeure à sec. O! si leurs vaisseaux se pouuoient metamorphoser en Nymphes, cōme ceux-là d'Ænée, pour les rescourre des serres de la mort. Mais

c'est

au Palais de la Gloire. 89

c'est folie, il ne s'en falloit pas doncques prendre aux Dieux : & d'aller ores chercher la verge de Circé, ou de Mercure pour ceste metamorphose, il y a danger qu'on reuiendroit trop tard. Mais ceux-là, que vous voyez en desarroy contre ce bras de mer croyent bien d'estre eschappez. Ont-ils euoqué quelque pitoyable poisson, pour les accueillir en nouueaux Amphions, qu'ils se iettent ainsi à corps non pas perdu, mais comme sauue dedans l'eau ? ouy Deà, & ils en seront quittes à pareil marché, payants tātost le port entre ses dents, apres auoir estouffé leur orgueil, leur rage & leurs sanglots dedās ceste mesme onde. Vous, Messieurs, qui en estes plus proches, criez leur sur tout, qu'ils se gardent de boire, car ceste eau est grandement contraire aux Athées & à l'impieté. Et ceux-cy, qui accompagnent ce nouueau porte-trident? Bon Dieu, la belle armee que voy-là d'hōmes marins! Ils paroissēt à moitié hors de l'eau, qui leur moüille les flancs, noüants au dessoubs, comme il est à croire de leurs nageoires & de leur double quëüe, comme ces hippopotames, qui respirent la guerre de leurs naseaux ronflans. Que vous en semble? c'est vn riche butin, qu'ils viennent de faire sur quelque armée nauale qui aura faict naufrage,

M

d'estre ainsi bien armez à cru, car il n'y a point de Vulcan dans les cauernes de la mer Ægée, pour leur forger des armes, qui brillent comme celles-cy à la clarté de ce rayon desrobé. Messieurs, i'ay belle peur, que vous ne soyez trouuez au logis de la galere d'Athenée sans billet du fourrier, puis que les hommes vous semblent des poissons. Ce ieune chef de guerre, que vous admirez au front de ceste armée, à qui Pallas presente son habillement de teste accresté d'vne Sphynx d'or, & la Force l'arme d'vn foudre vēgeur entr'allumé d'esclairs, c'est ce grand Louys le Iuste Roy des fleurs de lis, qui s'est ietté le premier dedans ceste marée, cepēdant qu'elle est basse pour aller à trauers vn million de dangers donner sur ses rebelles la haine du Ciel & de la terre. Son œil flamboyant en ceste belle nuict, est l'estoille de Mars, dont ses soldats empruntent le courage & l'asseurance, qu'ils s'en vont desployer bien tost à moissonner la vie de ces perfides, qui ont ia prins la fuitte, & charpenter à coups de coutelas, comme arbres de hauste fustaye les plus robustes d'entr'eux, qui voudront faire teste à la fureur de leurs armes. De quel œil pensez-vous, que le Soleil regarde ce spectacle pour qui il a auācé sa carriere, & s'est venu camper

au Palais de la Gloire. 91

per dedans ceste claire nuée auec la Gloire portée sur vn paon, & Mars, qui va chargeant sa face de honte, de voir sa valeur surmontée par les premiers exploits de ce ieune Monarque. Ceste terre verdissante qui se iette hors de l'eau, est l'Isle de Ries, que vous verrez à ceste heure ionchée de corps morts, & toute teinte en sang criminel, & ceste mare, qui retentit de mille hurlemens horribles, ressemblera bien tost vn estang coloré de pourpre. Ceste rade ainsi chauue, sont les sables, que l'on dit d'Olone, qui ont seruy de table Royale & de lict de parade à ce braue Prince, qui ne se repaist & ne fait gloire, que de l'aspreté de ses trauaux. Apres les auoir veuës n'allez plus vantāt ces arenes du Tage iaunissātes de leur or calciné, ne me loüez plus le riche sable du Pactole & du Gange, parsemé de brins d'or, & esmaillé de pierreries, ne renommez plus tant le riuage de ces Isles Maldiues, où les vagues deposent leurs thresors musquez de l'ambre gris, & le pauent de ceste espaue precieuse. Il y a icy plus de richesses & de merueilles assemblées en ces belles arenes, sur lesquelles le Ciel s'est fait tout œil & composé comme en amphitheatre, pour y contempler les duels merueilleux de la Majesté auec l'Amour, de l'amour

M 2

& la mer, du courage contre vn tas de perils, de l'amour du Prince & l'amour de la vie. Sables si opulents, qu'ils ont fourny à vne armée entiere & aux simples soldats le moyen de viure en Princes, & deuenir des Roys, traictez à mesme table, couchez en mesme lict, que le plus grand Monarque du monde. Sables si feconds en leur sterilité, qu'ils ont porté & faict esclorre en vne nuict tant de Vertus Royales, qu'il y en a pour remplir les histoires & les siecles futurs. Aussi seront-ils à la posterité le parterre d'honneur, le champ de la Vertu, les vergers de Vaillance, les iardins de la Gloire, & le lieu le plus beau & le plus eminent de la France, ou la Jeunesse armée s'en ira tous les ans rendre honneur par quelque exercice de guerre, & vne douce pluye de roses & de lis, loüant & admirant la grãdeur de courage & les faicts Heroiques du grand Louys le Iuste, entonnant vne gaye chanson & prenant pour le refrein le sujet de ces paroles portées en la Cartoche.

MORTALI-NE MANV FACTVM IMMORTALE?

Apollonius chez Philostrate dit, que le lieu le plus releué de la Grece estoit celuy auquel

quel Leonidas combattant pour la liberté de son pays, immortalisa sa vertu, & où ayant ionché la terre des corps morts de ses ennemis, il ne rendit l'ame sur ce beau lict d'honneur, que soubs la valeur de son courage & l'amour genereux de sa patrie, qui l'accablerent de ses propres trophées, & luy bastirent de la hôte d'vn milliõ de Persans l'honneur de la plus glorieuse Victoire, que la Grece aye iamais admiré. I'ay bien peu à son exemple appeller ces sables d'Olone, le lieu le plus sublime & le plus eminent de la France, puis que tant de Vertus Royales de S. M. qu'elle y a signalé par vne admirable victoire, l'ont rendu en hauteur semblable aux Alpes & aux Pyrenées voire l'ont exalté par dessus tous les Olympes de la terre. Ce fut là, que l'esprit prõpt & actif de ce grand Monarque, qui n'a repos ny contentement qu'à la peine, comme le plus haut element, se trouua en son centre, quand pour faire mordre la poudre à ces rebelles, il deuint vn foudre dans la presse de ces difficultez & braua la mer & la mort en Cæsar & en Alexandre, fit iour à sa belle reputatiõ fendant

M 3

les tenebres & les ondes & poudroyât l'orgueil & la fierté de ses ennemis auec vn tel esclat, q̃ tout le party s'escroula soubs l'horreur de ce tonnerre. Le courage de ce genereux Prince le poussa là si auant dans les perils, qu'il sembloit auoir de l'intelligence auec eux, pour le liurer à la mort, mais c'estoit en effect pour donner air à ce feu, qui luy faisoit boüillir l'ame en vne si belle occasiõ de faire admirer sa Vertu, & pour faire par son exéple r'entrer la valeur dãs les cœurs de ses soldats, que la crainte du danger auoit enuahy. Reuenons au reste du Portail ; car ce sujet est si clair de soy mesme, que toute autre lumiere ne luy peut seruir que d'ombrage.

Aux costez de la porte en bas, à plomb dessoubs ces deux tableaux se voyoient dans deux grandes niches les images de la Fortune & de la Vertu peintes à l'ordinaire en couleur de bronze, qui leur dõnoit beaucoup de relief & de grace parmy la blancheur du marbre de toute ceste belle architecture. Le plinthe sur lequel elles estoient posées, estoit diuisé par quarreaux, chacun
desquels

desquels portoit vne deuise, dont le corps estoit de beaux lis blanchissants bien à propos du sujet, & de la Galaxie que nous representiõs, qui en est toute parsemée, comme nous auons dit, elles sont icy ensemble descrites vn peu plus amplement, pour les mysteres qui y sont contenus en faueur du Roy & de la France.

LE LIS ROYAL.

LA fortune & la Vertu ne peuuent iamais s'ympathiser ensemble, dites-vous ; ie vous veux desabuserde ceste faulse creance. Regardez-les là ensemble (si vous auez des yeux) dedans ce beau parterre, parmy ces quarreaux bien alignez & enrichis de l'argent cizelé de ces estoilles fleurissantes ou fleurs Royalles que vous appellez Lys. Encor y trouuerez-vous, que vous n'auez pas tort de dire, que iamais elles ne viuent qu'en discorde : Car de faict elles se sont là resserrées en camp clos, pour vuider leur different par armes, telles que l'Amour, ce petit factieux qui a eschauffé leur cœur de seditieuses ialousies, leur fournit pour entretenir leur animosité. Leur duel, si vous le voulez sçauoir, est tout amoureux,

reux, & leur querelle ne sourd, que d'vne belle emulation, qu'elles ont, à qui releuera plus haut la noblesse & la gloire de ceste fleur, le cœur fleury de la Nature, & le plus cher obiect de leurs yeux. La fortune, comme molle & delicate qu'elle est, mignarde sa beauté, la nourrit de la chresme d'ambrosie, l'enyure de delices, l'habille d'vn naif satin blanc, & ramasse dans elle ce que la main auare de la Nature à semé en diuers lieux, ambitieuse de luy faire porter le nom de fleur de la felicité.

Mais la Vertu qui veut, que son lis soit le Cæsar & l'Auguste des fleurs, anime toutes ces mignardises & douceurs de fortune, d'vn air masle & vigoureux, le couure de seuerité & de Majesté, luy donne vn port & corsage Royal, le tymbre d'vne aigrette Imperiale, & luy inspire ie ne sçay quel sentimēt de Gloire, qui luy fait par tout tenir son rang de Prince souuerain. Le voyla le ioly mignon de fortune & de Vertu le plus heureux du monde. Celle-là l'orne de ses plus beaux attours, celle-cy l'auiue de courage ; celle-là y seme des appas de douceur pour y captiuer delicieusement les yeux de tout le monde, celle-cy le couronne d'honneur & le cōble de gloire pour luy faire re maistriser les cœurs & les esprits.

Voyez de grace, ces petits lingots d'or, qui pointent au milieu de ce beau vase de laict caillé, ou de ceste couppe d'argent decouppée à fueillages ; ne sont-ce pas autant de rayons de beauté, & de precieux gages de la faueur de ceste premiere Deesse ? Aussi sont-ce ses thresors & ses plus riches carquans, à l'entour desquels elle a posé ce gros corps de garde, que vous voyez, de fueilles, qui herissent sa tige, comme autant de picques & de halebardes, & a mis en sentinelle la Prouidence pour y veiller dessus. En ce premier quarreau le Ciel luy rend hômage de tout ce, qu'il s'auise pouuoir seruir à ses menus plaisirs : Le Soleil l'œillade & luy sousrit amoureusemēt, les doux Zephires le parfument de leur haleine musquée, & cet air delicat, qui l'enuironne, tamise sur sa teste, ie ne sçay quelle manne cachée, ou de perles de succre, qu'il luy distille insensiblement comme son eau de vie. Vous diriés, que Iuppiter s'est fondu goutte à goutte en argent sur la beauté de ceste fleur, eschauffé des premiers raiz de ce Soleil Orient, cōme iadis au flambeau de l'Amour il se fondit en or sur sa Danaé. Et puis n'a-t'il pas bonne grace ce Polemon quand il dit, que l'Amour est comme

N

98 *Le chemin des Heros.*
vn exempt des gardes, ou comme le grand sceau de
la Diuinité, qu'elle imprime sur ce qu'elle veut
estre cōserué tout ainsi que la prunelle de ses yeux?
Car qui oseroit s'opposer, ou ne fauoriser au comble de la felicité de ceste fleur Royale, y voyant ceste marque emprainte en ces paroles de l'Oracle
de Verité, que porte la volute.

NON LABORANT.

Aussi la terre luy à tant de respect, que iamais elle ne nous permet sa veuë, qu'elle n'aye tē-
du sa tapisserie de haute lisse pour le receuoir royalement, & enuoyé la rose comme l'Iris de nos iardins & l'auantcourriere de la Gloire du lis pour asseurer la paix auec les frimats de l'hyuer, & les
durs Aquilons, qui pourroient meurtrir l'esclat
de sa beauté, ou troubler ses delices. Ce n'est pas de
merueille puis que sa bulbe est le cœur de la terre,
que vous voyez se forjetter en cet autre quarreau,
& ces mots à l'entour.

ET COELO SVNT LILIA CORDI.

qui marquent que sa gloire est à cœur au Ciel
aussi bien qu'à la terre.

Ce sont là les mignardes caresses de la Fortune,
mais

mais la Vertu le traicte bien autrement, elle le nourrit de bronze & de fer, comme vous le voyez icy n'ayant autre gazon enyuré de Nectar pour fournir à son accroissement que le cabasset roüillé de ceste statue brauache trenchāt du Jupiter auec la foudre en main, que vous cognoissez aisément estre du grand Alexandre. Voyez où sa vertu l'esleue & son courage le porte, à brauer & triompher des-ja mesmes de la mesme valeur. Ce n'est pas vne feinte, non; C'est Nicandre chez Athenée qui luy dōne cours de vraye histoire. La Grece iadis admira & se troubla de ce spectacle, qu'vn lis de plein pouuoir se fut posé & eut fait prise sur ce bronze taillé & armé en Alexandre, sans redouter les foudres de ses armes, & par brauade à fleur desployée sur la creste de son heaume vantast son triomphe sur l'honneur de la Grece & la terreur de l'Asie. Croyez-vous que les Oracles se teurent là dessus? En voicy vn qui parle en deux monosyllabes. NON NENT. Iamais les lis ne prēnēt cœur de femme pour porter la quenoüille. Ne me demandes pas que marquoit ce prodige, le temps l'expliquera. Destournez seulement pour ceste heure vos yeux sur ce tendre fleurō, qui sur les premieres douceurs du Printemps à com-

mencé de poindre, lors qu'vn tas d'espines herissées
de rudes aiguillons, & picquées d'enuie, comme il
est à croire, ont coniuré de luy boucler le passage
pour l'estouffer dedans son premier germe, & luy
faire trouuer son hyuer en l'Auril d'vn Ciel si fauorable. Pauure petit! que fera-t'il? Il est tout
cœur, comme vous le voyez, & l'humeur aigre-
douce que sa cholere luy fournit, le luy enfle dauātage. Il prend donc conseil des mouuemens de son
ieune cœur espoinçonné des aiguillons de la Gloire,
sans vouloir ouyr la foiblesse de ses forces, ny la
crainte des dangers. Mais que ie crains pour luy,
que son courage ne luy couste cher. Il prend son
temps & il iette sa pointe, pousse sa tige, la noüe,
la roidit, il rallie ses forces, desplie son fueillage,
met aux champs ses regiments de gardes tous
frais & verdoyāts d'vne ieune vigueur, qui fait,
que par vn doux monopole ils se liguent ensemble
pour le mettre à couuert de ces ronces poignantes
& luy faire glorieusement emporter le dessus. Cependant il s'auance à veüe d'œil, se iette dans la
presse, s'anime de ses picqueures à pousser plus
auāt, en fin le voyla au dessus, qui se voyant vainqueur par la faueur du Ciel, ouure son cœur au
Ciel, rit, s'espanoüit d'aise, & estale son innocence
qu'il

qu'il à conferué parmy fes ennemis. Oyez-vous comme ces langues d'or dedans fa bouche ouuerte entonnent leur Te Deum laudamus, en Mufique du Ciel, qui s'entend de l'efprit? Il fait bien dauantage, il encenfe le Ciel en action de graces, & fe fait feul le preftre, l'encenfoir, le feu & le parfum: fon cœur tout chaleureux, comme vne viue fource d'efprits vitaux & odoriferants, qu'il efpanche à plein vafe fi liberalement pour embaumer l'air, eft la caufe & le principe de toutes ces merueilles, fi bien que redeuable de fa gloire & de fa grandeur feulement à fon courage apres le Ciel, il porte à iufte tiltre ces mots empruntez du Poëte Sympofius en l'Enigme du lis.

SPIRITVS EST MAGNVS.

Les grands cœurs ne refpirét iamais que chofes grandes, & celles qui font les plus difficiles, leur font les plus aifées, l'affection que la generofité leur y fait loger, leur addoucit toutes les rigueurs, que le fort les oblige de fubir auant que leur en permettre la ioüiffance. Vn Hiftorien dit d'Augufte, qu'il aimoit mieux cercher les chofes grandes & ardues auec peril, que les moyennes auec facilité & asseurăce. Et ce grād Loüis, qui est depeint au vif dedans ces lis, qui ne sont que courage, voyant le chemin de sa gloire si espineux & assiegé de tant de dangers, à brossé courageusemét à trauers baisant la main à l'Occasion, qui le traictoit en valeureux Monarque, & à mesuré tout cet espace de ses admirables victoires & vertus Heroiques, qui lont esleué à ce periode de Gloire. Il sembloit d'abord, irriter sa mauuaise fortune, & au iugement de plusieurs s'engager à vne hazardeuse entreprise, sans sçauoir quelle en seroit la retraitte, mais sa prudéce, qui a accompagné ceste genereuse ardeur, qui le brusloit, l'a faict sortir auec honneur du labyrinthe, où son courage luy auoit donné entrée. Rien ne peut resister à la generosité d'vn cœur Royalement François, le desir des armes & des hazards naist ensemble auecque eux & côme parle d'eux le docte Sidonius.

Est belli maturus amor, si forte premantur
Seu numero seu forte loci, mors obruit illos
Non timor, inuicti perstant.

La mort leur arriue plustost que la peur &
leur

au Palais de la Gloire. 103

leur courage indoptable a porté leur reputation au de là de la Grece, iusques au bout de l'Asie, pour y seruir d'exemple signalé de Magnanimité & de Constance, au rapport de Iosephe, Ælian & Aristote. Comme si estre François, c'estoit estre tout cœur ou fondé sur le cœur comme leurs fleurs de lis, estre tout glorieux & tousiours courageux, pour auoir plus de gloire estre tout de courage, par tout plein de courage, courageux en la vie, courageux à la mort, encor aprés la mort, en despit de la mort reprendre le courage, le rauiuer pour pouuoir remourir & faire renaistre sa Gloire d'vne seconde mort. Ils n'ont point le cœur double & si ne peuuent-ils mourir à vne fois.

animóque supersunt
Iam prope post animam.

Ils brauent la mort mesme au milieu des alarmes & des vacarmes de la mort, ils l'attendent de pied ferme sur le pas de l'honneur & la reçoiuent sans changer de posture; comme ce braue Callimache à la iournée de Marathon, qui couuert de mille flesches, percé de mille morts, tint bon aprés

sa

sa mort, soustenu des traits mesmes, qui luy causoient la mort, & donna ainsi l'espouuante à ses fiers ennemis, qui le croyoient immortel, puis que tant de coups mortels ne le pouuoient porter par terre.

Et sans aller mendier plus loin que des lis François l'exemple de la valeur Françoise, ils profitent de leurs blessures, comme le lis, leur sang est la semence de leur Gloire, leurs playes le beau iour de leur reputatiō, ils se voyent retranchez du nombre des viuants, & ils sont encore tenaces de leur vie, ils fleurissent malgré le cizeau fatal des Parques, gisants tronçōnez sur la terre sans racines de vie, & dans la mort font parade de l'immortalité. Qu'est-il de merueille donc si leur Roy, qui au iugemēt du grand sainct Gregoire. *l. 5. epist. 6.* excelle autāt en valeur & en dignité par dessus tous les autres Roys de la terre, que les Roys sont releuez sur leurs sujets, respire tout vn autre air, que l'ordinaire des hommes, mesprise ce qu'ils redoutent, & ne sçait rien faire & entreprēdre que de grand ? Ce n'est pas neantmoins ce qui nous à donné le sujet de luy ouurir le le chemin à la Gloire par la constellatiõ des Iumeaux, pour luy faire dire auec Alcibiades, qu'il menoit la vie des Dioscures, puis que comme eux il mouroit & viuoit alternatiuement dans la vicissitude des rigueurs & douceurs d'vne fortune inconstante, ou que sa Vertu l'auoit fait naistre à vne vie glorieuse, du mesme lieu où ceste fée traistresse cuidoit esteindre sa valeur auecque son authorité Royale : ce seroit faire tort à son courage que de former vne plainte à ceste fortune masle, qu'il estime bien plus que l'autre delicate femelle, qui ne se paist que parmy les douceurs d'vne lasche & hõteuse oysiueté. C'est à limitation des Pythagoriciens, qui constituoient la porte du Ciel au signe des Iumeaux, où la voye de laict entrecouppe le zodiaque, fort à propos pour mõstrer, que si la fortune d'vne diuine naissance de Pollux, l'auoit placé dans le Ciel, cõme Castor y fut receu pour sa Vertu, toutes les deux causes se retreuuoiét ensemble en ce Victorieux Monarque, glorieux reietton de tant de glorieux Heros dont il a fait reuiure la valeur en la gloire de ses pre-

O

mieres armes. Ce que signifioient encor ces paroles escrites sur l'arceau de la niche où estoit la fortune.

QVA TV ATE FORTVNA SINIT.
Et celles-cy portées sur l'image de la Vertu.
IN VIA VIRTVTI NVLLA EST VIA.
On ne luy pouuoit pas refuser la porte de felicité venant soubs l'adueu de ces deux Diuinitez si puissantes, ausquelles la garde en est commise.

Ceste grãde porte auoit de iour 24. pieds en haut, & douze en large, auec sa voute qui cõtinuoit iusques à la porte du Rauelin de 26. pieds de profondeur, parsemée de lis & de chiffres Royaux de couleur de laict sur vn fonds azuré. Sur la clef dans la frize de la grande cornice estoit ceste inscription vniuerselle, qui contenoit tout le dessein.
GALAXIA VIA HEROVM AD GLO-RIAM.
Le reste estoit reply de fleurs de lis, de foudres à trois pointes, de dards & esbarbillez, de rondelles goderonnées, de chapeaux de triomphe, & semblables fantasies du Peintre. Sur les extremitez d'icelle s'esleuoient

4. gran

4. grãdes pyramides chargees des trophées d'armes, que Themis y dreſſa iadis au dire de Nonn. au 2. des Dionyſ. quãd Iupiter accompagné de tous les Dieux r'entra triomphant dans le Ciel apres auoir foudroyé ces Geants, audacieux enfants de la terre, qui d'vne deteſtable outrecuidance s'en eſtoiét prins au Ciel, & auóiét voulu demettre ces Diuinitez de leur throne; & de celles que Louys le Iuſte a erigé ſur ces rebelles, qui auoient voulu baſtir vne violente grandeur en ſon Royaume au preiudice de ſon authorité. Les ſtatuës des Heures plus grãdes que l'ordinaire, à proportion de la hauteur à laquelle elles debuoient eſtre eſleuées eſtoient rangees par eſgalles diſtances ſur ceſte gallerie regnante au deſſus du plan de la corniche. Les mains, les pieds, la face & la drapperie taillée à l'antique eſtoient de marbre blanc, comme iadis au temple des Graces en Elide & chez les Erythréens au rapport de Pauſanias ez Eliaques & en ſes Achaiqués, les franges, les bordures & tous leurs ornements de demy relief, auec leurs chapeaux de fleurs, de fueilles ou de fruicts

qu'elles auoient en teste estoient dor fin, elles tenoient d'vne main de lis auec de palmes, de l'autre les armes de N.S.P. le Pape Gregoire XV. du Roy & des deux Roynes sur de grandes targues de 5. pieds de haut, dont les cartoches larges d'vn grand demypied estoient toutes bronzées. La statuë de Ianus, que les Poëtes logent d'ordinaire à l'entrée du Ciel, sembloit māquer icy, mais il n'en falloit autre, que celle que nous auiōs posé dans ceste grande niche sur le couronnement du portail, comme vous auez veu cy dessus, qui estoit d'Henry le grand, ceste grande teste à plusieurs ressorts, ce Prince à double teste ou à plusieurs testes ensemble sur vn corps à guise d'vn Geryō, qui d'vne prudence admirable a tousiours eu le passé en sa memoire, & le futur en la preuoyance de son esprit penetrāt, sans que pour celà il laissast eschapper à ses yeux aucune des choses presentes, comme l'on admire encor à present en l'esprit clair-voyant de ce ieune Roy, la viue image de l'esprit de son Pere.

Sur le bas des grandes tours quarrees,
quel

Le chemin des Heros. 109

ques characteres dorez enclos d'vne volute historiée de ses guillochis, fueillages & chimeres grotesques, faisoient parler la dureté de ce marbre en la douceur courtoise de ces vers.

Grand Roy, dont les Vertus contestent la Victoire
Et l'honneur des lauriers qui t'ombragent le chef,
Si ton bras les a mis à couuert de meschef
Elles t'ouurent icy ce beau ciel de la Gloire.

Ceux là estoient à droicte, ceux-cy se lisoient à la gauche du portal en faueur de la noblesse, qui combattant autant fidelemēt que genereusement pour le seruice de son Prince, auoit merité le mesme tesmoignage que Pyrrhus rēdoit à ses soldats, qui l'appelloiēt l'aigle de l'vniuers ; ouy dit-il, mais les lames de vos espées foudroyātes sont les plumes sur lesquelles ie m'esleue par dessus tant de Roys & de Capitaines du monde à l'acquisitiō d'vne Gloire, qui sera tousiours hors la pince du tēps. Ces plumes qui sont si fortes que tout autre poids leur semble leger, ont grandement trauaillé à soustenir la

O 3

pesanteur de tant de trophées & de couronnes d'honneur de ce Monarque, & à correspondre aux genereux eslans de son courage, maintenant il leur estoit permis de se rafraischir dans le contentement des Victoires gaignées à la faueur de la Gloire de leur Prince, comme portoit ce quatrain.

François masles guerriers, grands cœurs, qui tousiours calmes
Dans les boüillons de Mars, pour la Gloire des lis
Haletez soubs le faix des lauriers de Louis,
Cueillez or' auec luy le doux fruict de ses palmes.

Le Roy monté sur vn beau cheual blanc comme neige, dont le crain mollement ondoyant descendoit iusqu'à fleur de terre, passa au milieu de l'infanterie Italienne rangée en bel ordre aux deux costez de ceste grande place, qui estoit entre la tribune aux Harangues & ce portail, auquel estant arriué, Monseigneur le Reuerendissime Archeuesque d'Auignon Fr. Estiéne Doux de l'Ordre de sainct Dominique, se presenta, selon la coustume, reuestu de ses habits Pōtificaux,

tificaux, tenant en main vne Croix d'argét, que S. M. ayant mis pied à terre baisa deuotement prosternée à deux genoux sur vn quarreau de drap dor, que les pages de mon dict Seigneur auoient preparé sur vn grand tapis de soye qu'ils auoient estendu par terre. Remõté qu'il fut à cheual, il s'approcha dans le rauelin d'vn petit theatre ioignant lequel M Mrs. le Viguier, Consuls, & Assesseur, attendoient de receuoir S. M. soubs le poile. Ce fut là que Madamoiselle Margot de Berton, fille de Mr. François de Berton, seigneur de Beauuais cy-dessus nommé, presenta les clefs de la Ville dorées & enlassées d'vn gros cordon de soye à grosses houppes pendantes. Elle estoit reuestuë d'vne robbe de satin bleu, couuerte de large clinquant d'or, sa coiffure ressembloit à celle d'vne Nymphe, enrichie de diuers brillants & enseignes de grand prix. Vn petit Cupidon aupres d'elle representant l'amour respectueux de ceste Nymphe Auignonnoise enuers S. M. portoit vn hoquetõ de tafetas rouge orné de fleurs de lis & de clefs d'or ioinctes par des las d'amour; sur
le bas

le bas de faye pendoient de bandes faictes à ondes, enrichies de campanes d'argent, les hauts des manches couppez en fueillage de chefne & terminés de poirettes d'argēt: le tout de la liberalité de la Ville, felon fa couftume en femblables folemnitez. La Nymphe parla au Roy d'vne grace & affeurance qui furpaffoit fon aage, en ce petit fixain.

Grand Roy la merueille des Cieux
Qui faictes briller à nos yeux
Mille efclats de voftre Victoire,
Auignon ce diuin fejour
Vous ouure le Ciel de la Gloire,
Et donne les clefs de l'Amour.

Et alors elle les prit des mains du petit Cupidō, Iean François de Saluador fils de M^r. l'Affeffeur qui d'vne belle hardieffe l'accōpagna comme elle les prefentoit à S. M. de ces deux petits vers.

Ces clefs vous rendront ouuerts
Tous les cœurs de l'vniuers.

Il n'y a rien de fi aperitif, ny de fi inuentif que l'Amour, c'eft pourquoy les anciens luy ont mis en main les clefs de tout le monde.

Et

au Palais de la Gloire. 113

& nommement du Ciel, qu'il a ouuert à tãt de grands Heros, qui auoient obligé diuers peuples de leurs bienfaits. S. M. receut les clefs entre ses mains, puis les rendit à Mʳ. Thomas de Berton premier Consul, cependant qu'vn chœur de petites loüanges, entre lesquelles le fils de Mʳ. Pierre Bayol troisiesme Consul menoit la bande, chantoiẽt ẽ ryhtme vn aggreable viue le Roy. La loüange ne sort iamais plus nette que de la bouche des petits enfants, & cõme a dit vn bel esprit, il n'y a rien de si eloquent que l'innocéce. Ce ne fut pas merueille si sa Majesté presta l'oreille volontiers à ceste menuë ieunesse, Hercule chez Euripide des-ja immortalisé se ioüe biẽ publiquement auec vn petit enfant, qu'il tient entre ses bras, les grands Princes, dit l'Euesque Maximus, se plaisent à la simplicité.

Durant ce temps la Noblesse qui estoit sur le pont leuis s'entretint à lire ceste inscription entaillée dans la pierre blanche en charactere d'or sur la tour de la porte pour perpetuer la memoire de ceste heureuse iournée.

P

SEDENTE GREGOR. XV. PONT. MAX.
PRINC. OPT.

LVDOVICO XIII. REGI CHRISTIANISS. ECC. PRIMOGEN. SEMPER IVSTO, SEMPER INVICTO. OB DEBELLAT. REGNI PERDVELL. AC BENIVOLENTISS. REGII ANIMI PROPENSIONEM ERGA ILLVSTRISSIMVM. LVDOVICVM A LVDOVISIIS S. R. E. CARD. CAMER. LEG. AVEN. S. D. N. NEP. ET SECVND. SED. APOST. S. P. Q. AVEN. GLORIAE TRIVMPHVM TROPH. ARC. MOLIBVSQVE EREXIT, ET LITERATO SILICE PERENNIT. CONSECRAVIT, VT IN CIVIVM MEMOR. AETERN. TRIVMPHET.

AVREO SVMMOR. LVDOVIC. SAEC. AN. M. DC. XXII.

COSS. ILLVSTR. ET MAGNIF. DD. THOM. DE BERTON REG. EX ASSID. CVBICVL. CAR. HVGONENC, ET PE. BAYOL, AC SPECTAB. ET MAGNIF. D. PETRO IOSEPHO DE SALVADOR I. C. ASSESSORE NECNON CVSTODIAE CLAV. CIVIT. PRAEFECTO.

Elle reſſentoit l'Eſprit & la docte plume de M. Pier. Ioſeph de Saluador Aſſeſſeur, qui en eſtoit l'autheur, capable de fournir auſſi facilement tout le deſſein de ceſte reception, s'il n'eut mieux aymé en donner la peine à vn autre, que d'en auoir l'honneur pour ſoy.

L'en

L'entrée de là dans la ville fut remarquable en l'ordre qui y fut obferué. Premierement les familles Religieufes, qui font en grand nombre dans la ville d'Auignon, felon le rang qu'elles tiennent aux Proceffions publiques, & les Chanoines des fept Eglifes Parrochiales, fuiuoient leur Croix par ordre ; Aprés les Ecclefiaftiques marchoit vn nombre de Nobleffe confufe, qui s'eftoit affemblée icy de tous coftez. La compagnie de cheuaux legers entretenuë par fa Sainĉteté pour la conferuation de cet Eftat venant aprés, commençoit à donner vn air majeftueux à la pôpe de ce triōphe, elle eftoit armée & montée à l'auantage, & couuerte fuperbement de cafaques d'efcarlatte, à chamarrure d'or; d'où naiffoit ie ne fçay quelle douce horreur, que cefte viue couleur, qui eft toute martiale, auec la mine guerriere des gendarmes engendroit dans les Efprits de ceux qui fe rendoient attentifs à ce fpectacle. C'eftoit la couleur jadis de ces mafles courages de Sparte, qu'ils iugeoient la mieux feante à vn homme de cœur, auffi la reffemblance qu'elle a au fang frefchement refpandu, accroift l'ardeur de combattre aux foldats, & faict qu'en la chaleur des meflées l'ennemy ne peut fi facilement remarquer & s'encourager de leurs bleffures. Les Seigneurs & Gentils-hommes d'Auignon & du Comté meflez parmy beaucoup d'autre Nobleffe portoient la plufpart des hongrelines de cefte couleur françoife toutes rayonnantes en clinquant ou broderie d'or & d'argent. Les magiftrats, de la Ville tenoient rang à part accompagnés des plus honneftes citoyens bié montez & en riche equipage. Six trompettes marchoient deuāt eux auec leurs cafaques de taffetas rouge & banderolles de mefme fur lefquelles les armes d'Auignon eftoient en or. Mr. le grand Preuoft paroiffoit au front du train Royal, qui fuiuoit en ordre: fon lieutenant à robbe lógue marchoit à pied fuiuy de fes archers armez de piftolets & couuerts de hocquetons bleus femez de papillotes. La Compagnie des Carrabins du Roy venoit apres biē rangée, la carrabine en l'air & la mefche allumée fur l'oreille du cheual. Les Herauts

& le

& le Roy d'armes se descouuroient peu apres les gardes Escossoises, couuerts de leurs tocques & casaques de velours violet parsemées de fleurs de lis, en broderie d'or, la veuë de ceux-cy faisoit briller le mode à l'attente de sa Majesté, qu'on iugeoit n'estre pas esloignée, il n'y auoit celuy qui ne tint sa felicité comme dependante de cet heureux spectacle. Les Officiers de la Couronne qui suiuoient, donnoient de nouuelles pointes à leur esperance. Mõseigneur Charles Felix Malatesta Gouuerneur & Lieutenãt General au faict des armes pour N. S. P. en cet estat venoit entre Mr. le Mareschal de Bassompierre & Mr. le Côte de Schomberg. Monseigneur l'Illustriss. Guillaume du Nozet Vicelegat au milieu de M. Mrs les Mareschaux de Crequy & de Pralin, suiuis de Mr. de Liacour premier Escuier, qui portoit le baudrier & l'espée Royale. Et Monseign. le Connestable aprés tenant en main l'espee de Iustice. Mais comme on descouuroit ceste Majesté Royale auec sa Hogreline rouge, couuerte d'vne riche broderie d'or, soudain le peuple, à qui tout le corps fremiſſoit de contentement, eſtoit aueugle au reſte, & ſe laiſſoit emporter à vn excés de reiouïſſance rempliſſant le Ciel de cris de ioye & d'applaudiſſemēt. Il luy ſembloit que les Deſtins auoient ramené les ſiecles dorez, voyant ce grand Héros tirer à ſon triōphe tout le Ciel, & conuerſer ſi humainement auec les hommes ſur la terre. Et le plaiſir qui le maiſtriſoit alors, luy ſilloit les yeux pour ne prendre garde à M. M^{rs}. les Ducs de Neuers, de Mont-moracy, & d'Eſpernon, qui ſuiuants S. M. venoyent à clorre ſplendidement toute la Magnificence de ce Royal triomphe, beaucoup moins luy permettoit-il de remarquer la façon de ce poile de veloux bleu turquin, doublé d'vn ſatin de ſemblable couleur, & ſemé à l'entour des armes de S. M. releuées en broderie d'or ſur chaque face, de fleurs de lis de ſatin iaune, lizerées d'vne petite canetille frizée; Il ſe forjettoit de ſon quarré en vne grande ouale, porté ſur ſix baſtons dorez de fin or, bruny ſur lazur & fleurdelizé auec vne pōme au bout de chacū, dorée de meſme. M^r. Iean François de Galliens S^r. de Caſtelet

ſtelet Viguier de la Ville, ſouſtenoit le premier baſton M. Mrs. Thomas de Berton, Charles Hugonée, & Pierre Bayol, les trois autres, & les deux derniers eſtoient portez par Mr. Pierre Ioſeph de Saluador Aſſeſſeur, & Mr. Gabriel de Grilles Baron de Briſſac, & Coronel de l'Infanterie Françoiſe pour N.S.P. le Pape en cet eſtat. S M. marchant là deſſoubs entre les acclamations & applaudiſſements de tout ce monde, parmy ces belles ruës pauées d'vn beau ſable iauniſſant, couuertes de tentes par en haut, & richement parées de tapiſſeries exquiſes, mais ſur tout d'vne multitude innombrable de gents, qui ſont, comme diſoit vn ancien, le plus bel ornemét des villes en ſemblables ſolemnitez, ſembloit triompher non pas de ſes ennemis dans la gloire de ſes admirables Victoires, mais pluſtoſt de la ſuperbe, le vice ordinaire des grands, qu'il condamnoit par ſa Royale modeſtie, *hoc tantum cæteris maior, quo melior*, dit le Panegyriſte de Traian. Ie puis bien auec autant de verité adiouſter icy de toute ceſte multitude qui nageoit dans le plaiſir du
ſpe

spectacle de ce grand Roy, ce que le mesme autheur dit aprés, de l'entrée triomphante de cet Empereur à Rome. *Te paruuli noscere, ostentare iuuenes, mirari senes, ægri quoque neglecto medentium imperio ad conspectum tui quasi ad salutem sanitatemque prorepere. Inde alij se satis vixisse te viso, te recepto: alij nunc magis esse viuendum prædicabant fœminas etiam tunc fœcunditatis suæ maxima voluptas subijt, cùm cernerent cui Principi ciues, cui Imperatori milites peperissent. Videres oppletas vndique vias, angustúmque tramitem relictum tibi,* &c. Dans ceste foule de monde qui estrecissoit les chemins S. M. descouurit de loin premieremét sa statuë à cheual, dressée au milieu d'vne large place sur vn grád piedestal orné de ses tableaux, deuises & inscriptions que vous considererez icy de pres plus à loisir.

LA

LA STATVE DV ROY A CHEVAL.

SI la Gloire ceste fleur de la felicité, est vne claire & vniuerselle cognoissāce des biēfaicts & merites de quelcun enuers sa patrie ou enuers tout le monde, comme disent les SS. Ambroise & Augustin; quel moyen ya-t'il d'establir son immortalité, sur le courant de ceste mortalité & la volée du temps, si ce n'est par le moyen de quelque image perdurable, qui puisse faire resistance à l'impetuosité de ce torrent, qui faict & deffaict, qui mene & mine tout, & donner malgré son flux rapide quelque apparence & essence en la memoire des hommes, à ce qui n'est plus present.

Les statuës sont les premieres choses, qui se presentent au chemin de l'honneur pour refueiller la memoire des grands Heros qu'elles reprefentent, & donner la premiere pointe à leur reputation & à l'eftime qu'on doit faire de leur valeur : ce font les colomnes du Palais de la Gloire, qui ne fe demente & ne s'efcroule iamais tādis qu'elles demeurent fermes portant au vif fur leurs ftylobates & patins. Il falloit dōc pour eternifer la memoire & la Gloire de Louys XIII. le plus grand & le plus iufte de nos Roys, luy dreffer vne ftatuë qui peut reprefenter naïfuemēt la grandeur de fes Heroiques Vertus & de fon Royal courage; mais fur ce point mille difficultez embroüilloiēt nos efprits & nous mettoient dedans l'anxieté & incertitude de ce que nous debuiōs faire. Car quel moyen pouuoit-on rencontrer de tailler vne image ou la tirer en bronze, qui retiraft à la iufte grādeur de cet Heros feul egal à foy mefme, & à fon courage indomptable qui ne cede & n'eft inferieur à rien qu'à fa Vertu?

Celuy-là auoit bien rencontré en la minorité de ce Prince, qui difoit, qu'il falloit fe hafter de le tirer au vif en la baffeffe de

fes

ſes premieres années, pour ce qu'en brief il deuiendroit ſi grãd, que tous les metaux & les marbres ne ſuffiroient enſemble pour fournir au plein relief de ſa iuſte ſtatuë. Nous le voyons maintenant par effect, que les deſtins ont fait aller ſi viſte les forces de ſon corps & celles de ſon eſprit, au delà de ſon aage, que ny la ſtatuë de Iupiter faicte par Lyſippus de ſoixante coudées, ny celle de ce Mercure, que Zenodore fit iadis en Auuergne d'vne deſmeſurée grandeur, ny en fin celle de Semiramis qu'on dit auoir contenu 17. ſtades d'eſtenduë, ne ſeroient pas ſuffiſantes de le repreſenter en ce periode de gloire, où ſes Vertus l'ont eſleué. Il falloit vn autre Steſicratés, qui d'vn Athos, ou du Mont-venteux de ce païs, luy taillaſt vn Coloſſe ineſbranſlable, qui d'vne main (comme celuy-là promettoit de faire à Alexandre) embraſſaſt vne ville habitable de dix mille hommes, & en la droicte vn fleuue, verſant de ſa cruche, ſes flots eſcumeux dedans la mer ; & encor alors eut-il peu dire auec ce braue conquerant de l'Aſie, que tout cela n'eſtoit que pour former vn membre de ce corps, qu'il falloit toute la France pour eſtre la iuſte image de ſes faits & tout ce grãd & fleuriſsãt Royaume, qui eſt la meſure, à laquelle on à touſiours recogneu la grãdeur ou la baſſeſſe de ceux qui s'en ſont approchez. *Regnum magna Principis menſura eſt. Galba bonus Imperator fuiſſet ſi nunquã imperaſſet*, diſoit cet anciẽ Pluſieurs paroiſſent petits cõparez à des choſes beaucoup plus grandes qu'eux, qui parmy les moindres pouuoient eſtre eſtimez de Geants. Ce grãd Prince, qui dedans les troubles de ſon Royaume s'eſt trouué tout par tout, & a eſtendu encor ſa Prouidence au delà, pour compoſer les plus grands affaires de la Chreſtiẽté & eſtre l'arbitre de la paix entre les autres Princes, à bien fait voir que la grandeur de la France, qu'il anime de ſa Majeſté & de ſa Prudence Royale, ne peut pas eſtre ſoubs luy vn corps energumene agité de diuers Eſprits, comme s'il n'eſtoit pas capable d'eſtendre ſa vigueur à tous ſes membres, quoy qu'eſloignez du cœur où il a ſon ordinaire reſidence. Tout ce grand eſtat paroit encore beaucoup moindre

dre que luy ; ſi bien que la nature ne nous donnant pas les moyens d'eſgaler ſa grandeur, il les a fallu emprunter de l'artifice cõme Timãte, qui en vn petit tableau racourcy, d'vn traict de ſon eſprit exprima l'enormité du corps de ce Cyclope eſtendu ſur la terre, que tous les traicts de pinçeau n'euſſent ſceu faire paroiſtre en ſa iuſte grãdeur; Ces vaſtes & enormes Coloſſes ne repreſentent pas le mieux la grande ame d'vn courageux Monarque, ce n'eſt que du metal ouuragé encore bien groſſierement au dehors & remply au dedans d'vne lourde maſſe de terre, ou de pierre, & de plõb, qui l'eſtançonne & le maintient en ceſte poſture droite. Il eſt meſſeant, diſoit iadis vn Empereur Romain, à qui a vne ame, de médier ſa gloire du corps, & les grandes ames ne ſe meſurent pas à pieds ny à coudées. Ce petit poinct taillé en forme d'vn Athlete par Myrmecides, qui triõphoit ſur ſon char attellé de 4. cheuaux ſoubs l'aiſle d'vne mouche, & qui, cõme railloit ſubtilement Varron, ſe voyoit mieux de la paupiere que de la prunelle des yeux, a plus dõné de pointe

& entamé plus de bouches à la Renommée de sa Gloire, que cet enorme Colosse de Neron qui poussoit sa teste iusqu'au nuës. Aussi en la statuë de ce grand Monarque des Frãçois plus grãd en esprit & en courage qu'en corps ny qu'en l'estenduë de son Royaume, il y auoit plus à entendre qu'à voir.

Elle estoit esleuée sur vn piedestal quarré haut de 16. pieds, & large de 14. en chaque face, fermé d'vne corniche sur quatre piliers quarrez faits à caneleures rudentées sur le bas, & bardées de sarmẽts reuestus de leurs pãpres, qui rãpoient à l'entour. Ceste sorte de colomnes fut iadis inuentée par les Architectes Grecs pour representer les plis des vestemens des femmes, & leur cheuelure troussée à la Gregeoise au dessus des oreilles par les rouleaux, fueillages, & volutes de ses chapiteaux ; & on la choisist icy pour marquer les Victoires admirables de ce Prince, & seruir ensemble d'opprobre à ces rebelles, qui estoient enchaisnez dans trois niches de ce sousbasement: comme les colomnes Caryatides iadis en la Grece furent les monuments de l'infamie ineuitable de

ce

au Palais de la Gloire. 127

ce peuple de Carya, qui s'eſtoit traiſtreuſemẽt ligué auec les Perſans à la ruine de ſon propre pays. Ceſte colomne femelle les accompagnoit doncques icy bien à propos, pour donner à entẽdre qu'ayants eſté domptez ſoubs la valeur du grand Louys le Iuſte, d'hommes ils eſtoient deuenus des femmes, condamnées à porter ſur leur teſte à perpetuité, adorer malgré eux, & releuer la gloire de leur vainqueur. Auſſi les Lacedæmoniens ne faiſoient plus de conte de ceux, qu'ils auoiẽt vne fois fait paſſer ſoubs leurs armes, ils n'oſoient pas meſmes conſacrer à leurs Dieux ny eriger en trophee leurs deſpoüilles aux tẽples, ſoubs vne opinion qu'elles eſtoiẽt de gents coüards, quoy qu'au reſte ils leur euſſent vendu cheremẽt la Victoire. La gloire d'vn Capitaine victorieux s'en tient bien plus haut, quand il a abatu ſoubs ſes pieds quelque puiſſant guerrier, & lors que ce qui eſtoit le plus roide & le mieux tendu paroiſt laſche à comparaiſon de ſes forces. Le plus beau throne de Iupiter fut celuy, ſoubs lequel les Geants ſe voyoient foudroyez, & eſcumoient encor

cor leur rage en leur fupplice.

Vne maiftreffe main auoit icy depeint ces captifs plus grands que le naturel, les pieds & les poings enferrez auec les raccourciffements, les enfondremens & rentremens neceffaires des membres dans vne niche ombragée qui rehauffoit & arrondiffoit d'auantage leurs corps foubs vne couleur haute & vigoureufe. Ils paroiffoient d'vn vifage effaré, morne & tout fauuage, auec ie ne fçay quels traits de fureur peints au deffus, qui monftroient que leur cœur eftoit encore plein de cruauté & d'vne venimeufe forcenerie. La peinture en auroit icy bien plus de grace, car les yeux, comme dit Herodote, font plus dignes tefmoins que les oreilles, ayants leur objet ferme, prefent & ftable, auec fes proportions & vne douce liaifon des couleurs, qui fe vont perdant l'vne dans l'autre, pour donner plus aifément & plus viuement dans l'ame, là où les mots volent à guife de fleches & s'efuanoüiffent incontinent auec le fujet qu'ils tranfportent fur leurs plumes au delà de noftre cognoiffance.

Ces paroles ne vous en feront pas conceuoir l'horreur, qu'euſt fait en ces tableaux de les voir ſoubs leur poil heriſſé, ſoubs leur frõt de ſuif & ces ſourcils réfrognés roüants felonnement leurs yeux homicides & s'entremorguans de trauers auec vn grincemẽt de dents contre le Ciel & vne eſcume ſanglante, que la rage leur faiſoit ietter parmy leurs fieres menaces. Leur col engagé dans les ceps, liuide en ſa tumeur auec ſes veines de fer ou de plomb fondu; ſurenflées du deſpit, qui boüilloit dans leur ame; leurs bras gros & arrondis, cõme s'ils euſſent eſté faits au tour, ces muſcles & ces moignons ſur les nœuds des eſpaules à guiſe de gros balons enflez ou cõme des cailloux arrondis par les ondes d'vn impetueux torrent; & enfin ces deux promontoires ſur leurs doz auec leur large poictrine d'vne chair de fer ou de brõze, forgée à coups de marteau ſur vne enclume à la forme d'vn coloſſe, comme Theocrite va deſcriuãt ce Roy des Bebryciés, faiſoient voir combien eſtoit dangereuſe leur fureur, & leur rebellion à redouter.

R

Terribiles certæque manus, iaculísque ferendæ
Mortis certa fides, & non peccante sub ictu
Edoctus peccare furor.

eut dit d'eux l'honneur de l'Auuergne Sidonius, aussi bien que de ces peuples barbares, nez soubs les durs Aquilons dans le creux des rochers, & qui, comme parle Tertullien, n'ont rien de chaud que la fureur & la cruauté qui anime leur sang. Aussi s'estoient-ils des-ja promis vne entiere victoire, ils chantoient le triomphe deuant la bataille & tous les bois de la France conuertis en lauriers ne leur sembloient pas suffisants pour couröner la vaillácé de leurs exploits. Leur folle esperance auoit des-ja diuisé le butin entr'eux, ils auoient fait le depart des Prouinces de ce Royaume & mis ce grand Loüys leur légitime Roy en blác à leur frenetique & prodigieuse fureur. Ils semoient par tout des liures de deffi & de sedition, escrits à stile d'acier & auec la pointe de leurs espeés, le flambeau de reuolte estoit dressé sur toutes leurs pretendues Eglises, comme marquoit vn flambeau allumé & tourné contre bas aux pieds de l'vn de ces captifs,

qui

au Palais de la Gloire. 131

qui se consumoit de soy mesme, & aupres de l'autre vn grād mortier tout semblable à celuy qu'Aristophane en vne Comedie fait tenir à Mars irrité, où il broye les Villes, les des-vnit, & les met en poussiere. Ils taschoient de semer la discorde par tout pour auātager leur party de la des-uniō des peuples & Prouinces, & il ne leur restoit plus que le plus difficile, qui estoit d'en venir aux mains, s'attacher à l'armee Royale, & ioindre ce grād Roy le Marius de tels Cimbres, vn Pollux pour cet Amycus, l'Hercule dompteur de semblables monstres, qui ont des-honoré la France sur ses plus heureux iours; vn Merouée à tels Vandales, vn Clouis à ces Goths, vn Martel à tels Sarrazins, & à ces rebelles Albigeois vn autre S. Louys, qui leur a fait sentir la force de ses armes, & recognoistre leur foiblesse naïfuement representée en la deuise du troisiesme tableau, qui estoit la despoüille & le massacre d'vn cerf le nid & le trophée de la crainte, car c'estoit sans doubte ce que denotoit cet estrāge prodige, qui estonna la Cour de France l'an 1534. à mesme tēps que

R 2

Caluin ce boutefeu d'enfer commença de semer son venim par la France, & ietter la semence de tant de sanglātes guerres & de tous les malheurs qui l'ont inondé depuis. Ce fut vn cerf monstrueux, que Frideric I. Duc de Mātoüe enuoya au Roy François I. qui estoit cerf en tout, comme marque l'histoire, si ce n'est qu'au lieu de la hāpe il auoit vne large poictrine auec les bras & les mains d'vn cheual, le col auec ses crins, & la teste de mesme portant toutefois son pennache de cerf biē semé d'andoulliers qui le faisoit recognoistre pour tel qu'il estoit. Ne remarquez-vous pas en ce monstre l'heresie de ce temps, qui en ses premieres fureurs ressembloit vn cheual eschappé & abandonné de teste, ce n'estoit que pennades & hannissemens, que feu & flāme aux yeux & aux nazeaux ils ne respiroient que la guerre, ils ne vouloient estēdre la liberté de leur pretendue Religion que par armes, comme les Turcs, leurs temples estoient leurs corps de gardes, & ils auoient raison de rejetter l'eau benite à l'entree de ces lieux scelerats, ou ils machinoiēt à couuert leurs trahisons, il leur

en

falloit seulement à la sortie pour expier les crimes qu'ils y auoient commis ; le diffame de leur païs par le fer & le feu, la profanation des lieux Saincts & la rebellion contre leurs Princes estoient les plus sainctes ardeurs de ceste deuote reforme. Mais la valeur & le courage de ce grand Roy les a bien tost faict changer de train, & paroistre comme des cerfs craintifs, lors qu'ils ont veu ses iustes armes en campagne pour punir leur temerité, ils se sont mis en hardes & rembuschez en leurs forts, d'où les voyla maintenant debuschez: Ce grand Veneur qui cognoit leurs ruses & tous leurs hour-variz; ayant lancé la beste hors de son fort, n'a eu peine qu'à hucher & sonner la mort pour assembler ses gents, & faire fouler la proye à ses limiers. C'est ainsi que la nature troublée à la veuë de ce monstre, que L'enfer exhaloit sur la France, luy enfanta l'Image que vous venez de voir : sortons ores de ses brisées.

Aux triangles des niches où estoient ces captifs on voyoit le corps de quelques deuises à ce propos auec les paroles qui les animoient. D'vn cofté vn Aigle Royal portant en fes ferres vn foudre allumé, s'efleuoit fur fes plumes en haut pourfuiuy d'vne harde de corneilles, qui croaffoient apres, auec ce traict.

QVAM FVLMINE DIGNÆ.
De l'autre vn renardeau rampant contre vn roc efcarpé pour porter le feu qu'il auoit à la queuë, comme ceux de Sanfon, dans les larges moiffons qui eftoient fur le coupeau, mais la flamme qui monte le confumoit auant qu'il y paruint. L'infcription eftoit.

NO LO ACCENDE SINO LO PASCE.
Sur les cornes de la feconde niche vn ferpent enuironé d'vn cofté d'vn rameau verdoyant de frefne, & de l'autre de feu fe lançoit dans cetui-cy par vne antipathie admirable qu'il a auec la feüille de cet arbre : côme cet Hemiftiche l'expliquoit.

FVROR EGIT IN IGNES.
Ce qui y eft de remarquable c'eft que le ferpent ne fort iamais de terre, que la nature n'aye reueftu cet arbre de fes feüilles pour contrequarrer ce venimeux infecte,

faictes

faictes en l'application, qui est aisée.

A l'opposite estoit vn chameau gisant sur terre dans son sang, qui couloit des oreilles, qu'on venoit de luy coupper; la fable en est gentille. Ce lourd animal espoinçonné vn iour d'ambition, s'en alla à Iupiter luy demander des cornes pour en parer sa belle teste, mais il receut la peine de sa temerité, car on luy fit mesmes coupper les deux oreilles. Repassez par vostre memoire l'assemblée de Laudun & l'importunité de ses Rebelles, & vous entendrez ces deux mots qui seruoient d'Epigraphe.

PEDIDOR ALCVOSO.

Aux Angles du troisiesme tableau, estoient peints des vipereaux, qui deschirans les entrailles de leur mere pour sortir au iour, estoient accueillis d'vn brasier ardant au dessoubs, auec ces deux mots.

CRVELDAD PAGADA.

Et vn gros cep de vigne ombragé de ses pampres & bien chargé de grappes de raisin, & au dessoubs vn lierre arraché & flestry sur la terre auec ceste inscription.

VE

VENIENT FELICIVS VVÆ.

Les Stylobates de ces piliers quarrez eſtoiēt rēplis de diuers trophées d'armes. Et la frize de la Corniche regnante par deſſus portoit ces paroles, qui ne furent iamais mieux appliquées à autre qu'à Louys le Iuſte.

---- IVSTIOR ALTER, NEC PIETATE FVIT NEC BELLO MAIOR ET ARMIS.

Le grand Alexandre, au rapport de Dion Chryſoſt. enquis de ſon Pere Philippe Roy de Macedoine, s'il n'auroit pas plaiſir de voir tout ſon palais Royal reluire en or & en argent; & ſa grāde ſale tapiſſée d'vn precieux brocador encaſtillé de diamāts & ſurchargé des plus exquiſes pierreries eſquelles la Majeſté de la nature eſt cōme reſſerrée. Ie fai bien plus d'eſtat, dit-il, d'vne riche tapiſſerie d'hōneur, de beaux & ſuperbes trophées d'armes, emportés ſur quelques redoutables guerriers & de captifs ſubiuguez par la force de mō bras, que de toutes les autres richeſſes du monde, τῶ γὰρ βασιλέως τὰ τοιαῦτα φιλοτιμήματα· car c'eſt en cela qu'vn

Prin

Prince genereux, doit mettre toute la magnificence & la splendeur de sa maison Royale. Mais nostre Louys le Iuste n'auoit pas occasion de faire tels souhaits, voyant tous les lieux par lesquels il passoit, tapissez de ses propres trophées, & sa statuë icy releuée sur l'orgueil de ses ennemis doptez & abatus soubs les pieds de sa valeur incomparable. Elle estoit sur la base de ce piedestal, armée à la Royale & d'vne main imperieuse contenãt ces captifs en la crainte & le mõde à l'entour dans le respect, cõme celle de l'Empereur Iustiniã descrite par Cedrenus, qui du haut d'vne colomne, sur laquelle elle estoit erigée, d'vn geste majestueux cõmandoit aux Persans de ne plus remuer contre son Empire: sa teste estoit ceinte d'vn laurier doré de fin or bruny aussi bien q̃ ses armes, le cheual biẽ taillé estoit caparassonné de lamette d'argent & de taffetas incarnat distingué par laiz & chamarré de galõ d'argent, le bas des caparassons, decouppé à feüilles de chesne, les pointes & entredeux garnis de campanes d'argent. Ce n'estoit pas neantmoins de ces statuës, qui ap-

S

portent plus de gloire à leur ouurier, comme disoit Hipponique chez Ælian, qu'à ceux à la memoire & honneur desquels elles sont faictes. Elle n'auoit rien de plus recommandable que d'estre l'image d'vn si puissant Monarque, & le Sculpteur se plaisoit d'auoir failly contre son art, afin qu'elle fust toute transformée en la gloire de ce grand Prince. Mais passons outre & iettons maintenant les yeux sur ces viues couleurs & la vraye image des grands Roys aussi bié que du Dieu viuant qu'ils representent sur terre. Ce sont les Vertus, au dire du Philosophe moral & nommement la sagesse à laquelle estoit côsacré ce premier arc de triôphe qu'on voyoit dès ce trophée d'armes tout au long de la grande Charreterie sur le bout de laquelle il estoit dressé.

LE

LE TROPHEE DE
SAGESSE.

IL n'est rien de si beau, de si genereux ny de si glorieux que la palme, elle ne succombe iamais soubs aucū faix, ses fueilles ont vne vigueur & vne verdure immortelle, elles l'entournent côme autant de glaiues trēchants & ainsi qu'vn bataillon rangé prest à combattre pour la deffence de son chef,& en vn mot, c'est larbre de la Gloire, tout victoire & tout cœur; mais elle a toute ceste obligatiō aux influences de sa teste, & à ceste moüelle, qui est à sa cyme, & que nous appellōs ceruelle, car si vne fois elle est endommagée tant soit peu, toute sa vigueur ne luy sert plus de rien, elle se desseiche aussi tost,& perd ceste beauté, ceste fraischeur, ceste force & generosité qui luy faisoit tenir lieu de Roy entre les arbres. Il en arriue

le mesme aux grands Monarques, s'ils ont la teste bien faicte, ils se voyent bien tost celebrer au rang des demy-Dieux; c'est la sagesse, qui les fait Roys, les fait victorieux & glorieux sur le reste des hômes; car d'estre beaux, d'estre robustes ou bien emparlez & eloquents, ce sont des loüanges, disoit Demosthene, plus propres à vne femme, à vn Athlete & à vn Orateur : de bien chanter ou sçauoir bien danser, cela appartient à vn bon Musicien, ou à vn baladin & nõ pas à vn Roy : mais la sagesse est vne qualité si Royale, que Platon n'estimoit point les Royaumes heureux, si les Roys n'estoiét sages, ou les sages des Roys. Et quant à la gloire, Anacharsis au banquet des sept Sages discourans par ensemble de ce qui pouuoit rendre vn Prince plus glorieux, récontra le mieux, & dit en sage, que c'estoit la sagesse. Aussi le Philosophe Zenõ chez Laërtius, ne qualifie du tiltre d'Heros q̃ les ames des Sages, pourueu que la lumiere de ceste Vertu ne s'eclipse iamais en leur esprit, car en mesme téps, leur gloire perd sa clarté & les laisse en tenebres, Elle est si delicate, que
le

au Palais de la Gloire. 141

le moindre excés l'altere, vn traict d'imprudéce ou d'oyſiueté la fleſtrit, il en eſt icy côme à la guerre, au dire de Lamachus, il n'eſt pas permis d'y faillir deux fois. Pour ce ſujet ceſte fille aiſnée de Iupiter entre toutes les autres Diuinitez tiét le premier rág au chemin de la Gloire, & Homere l'a touſiours donné pour guide à ſes plus grands Heros, afin de les dreſſer parmy tant de deſtours, & leur faire tenir la droicte route broſſants à trauers les perils & les difficultez, ſans ſe ſoucier de mille gloires volages, qui y dreſſent continuellement des embuſches à la valeur. Elle ſeule leur fait meriter iuſtement les triomphes, & releue les trophées qu'elle leur a fait emporter plus magnifiquemét, ſur ſon arc de triomphe, ſur lequel elle a eſtayé dans le Ciel ſon palais côme victorieuſe & triomphante à toute heure. Le lieu ne nous permit pas de le repreſenter icy auec toutes ſes hiſtoires & enioliuemens, qui ſont les grands exploits & les admirables bien-faits, que la France confeſſe tenir de la ſageſſe de Louys le Iuſto, ce nous fut aſſez du ſeul arc de triõphe, que nous dreſ-

S 3

fames de 48. pieds de haut en bas & 24. de large.

Il eſtoit à trois eſtages le milieu d'ordre cōpoſite, entre deux de Corinthe, & à double corps, dont l'vn repreſentoit la prudence du Roy au gouuernemét de ſon eſtat en temps de paix, & l'autre en temps de guerre. Huict colōnes de porphyre ſur leurs bazes de ſtucq bronzé & leurs chapiteaux de meſme, ſupportoiét tout le corps d'embas, & vn grand piedeſtal au deſſoubs d'vn coſté & d'autre, lioit tous ces deux corps, tout couuert de diuerſes deuiſes & de trophées d'armes. Au milieu de la grande corniche qui eſtoit à la premiere veuë, droict ſur la clef de la voute de l'arc, ſe liſoient ces mots.

LVDOVICI XIII. SAPIENTIÆ.

L'image de la ſageſſe eſtoit dans vne niche ſur la pointe de l'arc eſtançonnée de ſes volutes & conſoles : elle eſtoit de platte peinture, d'autant que le ſculpteur n'auoit pas peu fournir à tant de ſtatuës, on eut dit neantmoins à cauſe de la diſtance & de l'artifice du peintre, que c'eſtoit ouurage de pleine boſſe ayant toute ſa rondeur à deliure, elle
eſtoit

estoit reuestuë comme en temps de paix le diademe en teste, le sceptre au poing & vn Soleil rayonnant sur sa poictrine. Au desfoubs de la niche vn grand tableau de couleur de bronze sembloit estre taillé à demy relief sur vne lame de cuiure, il auoit sa corniche soustenuë de deux grandes consoles, qui portoient à plomb sur le vif des colomnes de porphyre, & flanquée de deux Harpyes, qui posoient leurs pattes veluës & argottées sur le plan de la grande corniche, & finissoient leurs aisles en vn fueillage antique. Le sujet de la peinture estoit vn Erechteus le fauory de Minerue, qui inueta le premier la façon des chariots & l'attelage des cheuaux, vray symbole de la Royauté & d'vn sage Monarque, qui tient en main les resnes d'vn grād estat, & de peuples diuers en meurs & en humneurs, plus difficiles à regir que tous les coursiers ensemble pour pesants à la main & forts en bouche qu'ils puissent estre. Ces deux mots qui seruoient d'inscription.

NON EST MORTALE.

remettoient en memoire la cheute miserable

ble de Phaëton, qui defpourueu de prudence, encourut auec fa ruine le blafme d'vne
grande temerité, de ce mefme, qui luy pouuoit apporter vne immortelle gloire. Deux
petites loüanges en forme de Cupidōs portoient vn peu plus haut grauez fur leurs ef-
cuffons ces vers du Poëte Claudian.

*COEPISTI QVO FINIS ERAT, PRI-
MORDIA VITÆ.
VIX PAVCI MERVERE SENES.*

La vertu des grādes ames ne fuit pas la me-
fure du temps, elle deuance les années, &
des fes premiers iours fe fait voir en vne
telle eminence de perfection, qu'elle femble ne pouuoir pas s'accroiftre d'auantage,
ains eftre arriuée au periode de fa grandeur.
Ce ieune Prince nous l'a faict voir en foy,
qui n'a pas eu fi toft en fes plus ieunes ans
les refnes de fon Royaume en main, que
plufieurs de fes peuples ont pris le frain aux
dents pour le precipiter à fa ruine & le faire defcheoir de fon throne Royal, mais d'v-
ne adreffe & prudence admirable, leur
ayant baillé le caueffon de fer, il les a bien
toft redreffé & remis à l'air de la baguette,
&

au Palais de la Gloire. 145

& en a tiré matiere de triomphe. Il a treffailly d'aife comme vn Soleil commençant fa carriere voyant le Ciel foubs foy, fe bander contre foy par vn mouuement de reuolte, il a tiré tout droict contre le cours de cefte rebellion, & n'a pas feulement maintenu fa couronne par hardieffe & magnanimité, mais prompt comme l'efclair il s'eft porté d'vne viftefle ifnelle de fon clair Orient au midy d'vne rayonnanté gloire, qui efblouït maintenant les yeux à tout le monde.

Sur le bas de la premiere face, fe voyoiēt ces emblemes & deuifes. Deux mains fortants d'vne nüe auec leurs outils de taille, trauailloient fur vn marbre grené pour en former vne fortune; c'eft vne efpece de marbre grandemēt reuefche & fubjet à s'efclatter, à caufe des gros grains de caffidoines, efmerils & agattes de diuerfes couleurs, dōt il eft compofé & parfemé; mais vn ouurier expert le fait obeyr à fon plaifir. C'eft au fage de faire fa fortune; la lettre eftoit françoife. COMME IE VEVX. Plus bas fur l'vn des panneaux du piedeftal, vne main enfantée d'vne nüe rompoit auec vn

T

marteau vne pierre d'aigle fur vne enclume ayant ces mots efpagnols à l'entour.

SECRETO HASTA QVEBRAR.
Les pierres d'aigle empefchent les auortemens, dit Pline, & la fageffe empefche d'auorter les fecrets, elles ont dãs le ventre vn petit noyau qui y grillotte, il faut l'enclume & le marteau pour le faire enfanter. Porcia cefte forte Amazone s'incifa la chair, pour experimenter fi elle pourroit bien garder le fecret qu'elle defiroit fçauoir de fon mãry Brutus; car il doit eftre fi profond que les tourmés ny les playes ne luy puiffent donner iour, on ne pardonne pas mefmes à la chemife quand elle en eft participante. La langue qui fait effor, difoit Chabrias, rend les coups de la main malaffeurez.

La troifiefme deuife eftoit vn Alcyõ dãs fon nid au milieu des ondes de la mer, auec ces mots.

SIEMPRE CALMA POR TO.
C'eft la fageffe qui a affermy le cœur de ce grand Roy, & luy a fait trouuer le calme au milieu des tempeftes.

La quatriefme eftoit vn bouclier de cry-
ftal

au Palais de la gloire. 147

ſtal oppoſé à la flambe d'vn feu qui l'eſclairoit, la fumée ondoyant au deſſoubs pour ne trouuer paſſage en haut, la lettre eſtoit.

LA LVZ, NO EL HVMO.

La belle ame de ce Prince n'eſt ſuſceptible que de clarté, ſon eſprit clair-voyant ſçait demeſler la lumiere d'auec les tenebres; & tirer le beau iour de la verité des affaires les plus enueloppez & embroüillez de ſon Royaume.

Les 4. ſuiuantes eſtoient à coſté gauche de ceſte premiere face. Vn paon au milieu d'vne prairie eſmaillée d'vn beau printéps de fleurs, piaffant & eſtalant les mignardes raretez de ſa queüe, parſemée dautāt d'yeux que le Ciel a d'eſtoilles, figuroit cet Argus de qui les yeux ne dormēt iamais ains veillent ſur ſon peuple pour le faire repoſer en aſſeurance, l'inſcription le donnoit aſſez ouuertement à entendre.

INSCIA SOMNI LVMINA.

Vn Pilote en ſa nef agitée des ondes ayāt les yeux & l'eſprit fichez à contempler le Ciel ſur ſa bouſſole, auec ces paroles.

T 2

TEMENDO Y MIRANDO EL CIELO, marquoit qu'vn Prince si pieux ne pouuoit estre que sage, & gouuerner heureusement son estat. La crainte de Dieu, dit Gregoire de Nazianze, est le premier lange & la premiere bande dont on enueloppe la sagesse quand elle naist en nos ames, c'est la base de ceste haute colône, & le fondement de toute integrité, c'est elle qui attache les aisles à nostre esprit pour atteindre à la parfaicte cognoissance de la Verité.

Suiuoit vn lynx regardant vn Soleil à trauers vne nuë, q̃ ces mots expliquoiët assez.

NADA ME LE ESCONDE.
Et vn de ces oyseaux d'Alemaigne desquels parle Solin, qui se fait iour dans la nuict par la clarté de ses plumes, & sert de flambeau à ceux qui voyagent dedãs les tenebres. La prudence d'vn Roy ne l'esclaire pas seul, elle sert de Soleil à tout vn monde, conuenablement à la deuise.

ET MIHI ET MEIS.
Le reste de cet arc estoit réply de boüillons de fueillages, de fantasies & entrelas antiques de Moresque, des armoiries du Roy

&

au Palais de la Gloire.

& des deux Roynes, & de diuers trophées, festons de fruicts, muffles, rosaces, & mille sortes d'enrichissemens. Sur les flancs & les aisles de l'arc, qui portoient 4. pyramides, on auoit logé à l'imitatiõ des Romains, les ioüeurs de hau-bois pour saluer S. M. à son arriuée. Le dedans de la voute estoit en parquetage remply de fleurs de lis. Sur les costieres on voyoit deux tableaux de couleur de cire. En l'vn Pallas à face descouuerte d'vn maintien doux & maiestueux couronnoit ce ieune Roy & luy dõnoit son double ordre pour marque de sagesse, cependant qu'à costé vn petit Zephyre d'vne halenée de roses dissipoit la nuë qui luy couuroit ceste Deesse, comme Homere raconte que Minerue fit à Diomedes. La felicité sortant en mesme temps d'vn Ciel rayonnant de clarté versoit d'en haut sa corne d'abondance pleine de chapeaux de triomphe, de sceptres, de turbans couronnés, & de diademes de toute sorte qui tomboiet à ses pieds, auec ceste inscription qui estoit en la frize de la corniche ou portoit la vouture.

HINC SCEPTRA ACCIPERE REGIBVS OMEN.

En l'autre le Roy reueftu à l'antique d'vne cuiraffine brodée en Morefque deffus les lambrequins, fur le milieu de la poictrine portant empreinte la face de Medufe armée de coluureaux retors, & fur la tefte vn chapeau de meurier tenoit de la droicte fon fon fceptre entrelacé de deux rainfeaux d'oliuier & de palme auec vn œil au deffus & de la gauche tiroit apres foy l'Occafiō & la Victoire attachées enfemble d'vne chaifne de rofes, pour monftrer quelles fuiuēt toufiours auec plaifir vn Monarque prudent, comme on a remarqué en tout le cours des Victoires de Louys le Iufte, ce qui eftoit cōpris en l'epigraphe,

NVLLIS VICTORIA NODIS HÆSIT, il n'y a eu aucune interruption, il n'a iamais laiffé efchapper l'Occafion de fes mains, qui eft, au dire de Pythagore la premiere caufe des chofes. Alexandre affeuroit, qu'il eftoit venu à bout de la Grece en ne remettant rien au lendemain.

La feconde face du mefme arc confacrée à la

à la prudence guerriere de Louys le Iuste auoit pareillement sa niche richement ouuragée & voutée à demy retube, qui seruoit de couronnement à ceste architecture, au dedans estoit vne Pallas armée, s'appuyant sur sa lance, & tenant à la gauche son bouclier estoffé de la teste de Meduse, son corps estoit en forme de hocqueton à escailles, & sa coiffure cachée soubs l'armet accresté d'vn beau coq, qui paroissoit sur ceste teste genereusement superbe, & abbaissant sa creste soubs le Ciel qui luy sēbloit trop bas. Au dessoubs de ceste niche le signe de Persée correspondoit à celuy d'Erechteus. Il estoit peint en vn tableau de semblable grādeur & de couleur de bronze comme l'autre, en forme d'vn ieune adolescent fleurissant & beau à merueilles, couuert de sa cuirassine auec son bas de saye à l'antique, & ses brodequins aux pieds bien ouuragez & garniz daillerons, & empierrant de la veüe de sa Gorgone, qu'il auoit de Pallas, ce gros monstre marin qui dardoit des feux & des esclairs de deux grandes cauernes où ses yeux estoient enchassez, & menaçoit de ses

dents

dents comme de quelques foudres, de l'autre main il le charpentoit à grands coups d'espée, plus soigneux de la deliurance de sa belle Andromede, que de sa propre vie, l'ame de ce tableau estoit partie en ces trois mots escrits dans sa cartoche,

VENI, VIDI, VICI,

mais principalement & plus clairement, en ces deux epigraphes, qu'on lisoit sur les targues que deux pouppelots encherubinez presentoiét aux costez de la niche ou estoit la Sagesse,

O FELIX! SERVATA VOCAT QVEM GALLIA PATREM,

& ceste-cy qui estoit à la gauche.
BORBONIOS HÆC MONSTRA PETVNT.
La France est bien plus redeuable à ce braue Persee Louys le Iuste, qu'Andromede ne l'estoit pas au sien, il la rescoux de la rage d'vn mõstre bien plus effroyable que le premier, qui la menaçoit de sa totale ruine: à la seule veuë de son courage & de sa promptitude il la presque tout engourdy & empierré d'estonnement, & le reste il l'a foudroyé à coups de coutelas & de doubles canons,

auec

auec vne ardeur & generosité inimitable. Il n'y auoit qu'à craindre, que le dedans n'eust encor quelque source de vie, qui vint apres quelque temps à ranimer, ce qui, possible, n'estoit que mortifié pour lors. Pour obuier à ce mal sa prudence luy a esleué le courage & l'esprit à la plus noble action, que l'on eut sceu imaginer ou souhaitter en cecy. A l'exemple d'Hercule en semblable sujet, combattant pour la deliurance de son Hesione, comme le dit Lycophron en sa Cassandre, voyant aux abois ce prodige de rage & de rebellion pousser auec son sang de sa gueule beante la cruauté, & la fureur qui l'animoit, oubliant ses dangers il s'est ietté dedans pour retrancher en ses entrailles les racines du mal, & s'asseurer vne fois de la paix, luy ayant osté tout le pouuoir de nuire. Ce sage Prince auoit recognu que plusieurs seruäts au temps & à la necessité faisoient mine au dehors de soupplesse, & d'obeissance à ses iustes volontes en leurs charges & gouuernemens, qui estoient comme ce cheual du peintre Pauson, que descrit Ælian, il paroissoit renuersé sur la tere sans

V

iamais se pouuoir releuer ; mais il ne falloit que tourner le tableau & on le voyoit courre, brauer & pennader, ayant son courage en fleur, & n'attendant qu'vn tambour ou clairon pour se ietter dans la meslée & petiller celuy, qui l'auoit cuidé mort auparauant. Passons au reste des deuises sur ce mesme sujet.

Au plat-fons qui estoit entre les deux colomnes de porphyre, sous les armes de la Royne. Vn Aigle animée de courage mieux qu'armée de foudres, fondoit impetueusement sur vn grand & horrible dragon, vn rouleau volant en portoit l'explication en ces paroles.

IBO ANIMIS CONTRA.

Le plus fort soustien de ceste guerre a esté le courage & l'esprit du Roy, sa prudence estoit tous-jours en eschauguette pour appeller quand il en estoit temps toutes les Vertus à vn combat de telle importance.

De l'autre costé vne Daphné venoit de se changer fraischement en laurier, & Apollon aupres se couronnoit de ses branches. Ces mots Espagnols seruoient d'ame
à la

à la peinture. *DE SVYO MENOS-PRECIO MI HONRA.* Ces villes rebelles, qui mefprifoient toutes les affections que ce bon Prince a pour fon peuple, cuidoient au flambeau de fon amour par leurs fecrettes menées le conduire aux embufches qu'ils dreffoient à fon authorité Royale; mais il a conuerti leur mefpris en fa gloire, & a tiré de la peine, que meritoit leur malice, les couronnes immortelles de fes triomphes.

Ces autres deuifes tendoient encore prefque toutes à mefme fin. Vne balance fouftenuë en l'air auec inegalité de fes baffins, & cefte lettre dans vne volute auprés. *QVIEN ME ABAXA ME SVBLIMA.*

Vn de ces arbres, defquels parle Pline, qui croiffent dans la mer & s'entretiennent tous-jours verdoyants dans les orages & plus cruelles tempeftes, auec ce mot à l'entour.

INDE VIRESCO VNDE AGITOR. Vn foudre enfermé deffous la nuë, s'allumant par l'antiperiftafe, & fe faifant iour par le debris de l'efpaiffe vapeur, qui l'alloit assiegeant, auec ceste Epigraphe.

IN SE EX ACVIT.

Ces trois qui suiuoient estoient d'vn sujet vn peu plus differét. Vne ieune fleur heliotrope suiuant chaque iour le mouuemét du Soleil de l'Orient à l'Occidét, marquoit l'esprit capable de ce Prince, en ces paroles.

RODEA EL MVNDO SIN MOVERSE.

En l'autre, vne nef maistrisée en haute mer par la fureur des vents, & precipitée par vne furieuse tempeste contre quelques escueils, à deux doigts du debris estoit arrestée par vn petit poisson nommé Remore, qui malgré la fureur des Aquilons luy faisoit trouuer port & vn haure asseuré au plus fort de ses vagues : L'inscription estoit le cartel de deffi de ce petit Cheualier errant dans la mer, qu'il enuoyoit à tous les vents, les deffiant de iamais le pouuoir faire plier sous leur fureur, NY SOVBS BIZE.

C'est vne merueille de nature que ce petit Archimede des ondes arreste d'vne force occulte tout l'effort & des vents, & des mers, & des gasches, qui conspirent tous

contre

au Palais de la Gloire.

contre luy, bride les nefs fans cable, les amarre fans ancre, & s'ancre de foy mefme dans les flots mouuants, qui fondroient foubs fes pieds s'il ne les arreftoit par fa vertu & affermiffoit leur inconftance. Mais tout cela eft encore plus admirable en noftre ieune Roy, qui a faict par fa prudence aux troubles de cefte Monarchie, tout ce que peut faire dans la mer ce grand prodige de nature; confiderez le dans fon hiftoire.

La derniere deuife eftoit d'vn Lis fleury, auec fa tige verdoyante & l'oignon de fa racine, qui eft en forme de cœur, à quoy faifoit allufion le mot Efpagnol d'vn fens bien different.

Y PVES MIRA SI SON CVERDOS.
Entre les fages Romains, *vir cordatus*, eftoit le titre d'honneur non feulemēt d'vn homme genereux & magnanime, mais encore & plus proprement de ceux, qui eftoient d'vn profond confeil & remarquables en prudence, & quelques anciens Philofophes mettoient le fiege de la fageffe au cœur, comme fi l'on ne pouuoit eftre

courageux sans estre sage, ou sage sans estre courageux, mais maintenant nos François pour auoir trop de courage sont taxez d'imprudence & de legereté par plusieurs. Il est vray qu'il y a souuent de l'excès en quelques vns, mais aussi il y a plus de manquemét de sagesse en ces natures froides, qui ont vne perpetuelle defluxion de cerueau, ces sages fols ne font la guerre que dans le creu de leur teste mal cuitte, où personne ne leur resiste que quand & comme ils veulent, ils descouurent prudemment toutes les ruses de leur ennemy, qui n'en a que celles qu'ils luy prestent, personne n'esuente leurs mines, ils surprennét & emportent les villes sans trouuer resistance. Et s'il arriue qu'au fort de la meslée vne mousquetade aye atteint quelqun au moule du chapeau, il y falloit prendre garde, diront-ils aussi tost, s'il eut baissé la teste, cela n'eut pas esté, mais ce sont tousiours de legeretés françoises; Voyla de bons remedes, s'ils estoient de saison ; mais pour des hommes sages, ils les ont recognu & apporté bien tard. *Altum quiddam est sapientia*, dit Seneque

que, *excelsum, regale, inuictum, infatigabile, nec satietatem habet nec pœnitentiam. In templo innenies, in foro, in curia, pro muris stantem, puluerulentam, callosas habentem manus*, &c. La vraye sagesse est viue, elle est prompte, elle est fretillante, elle se plaist dans les trauaux & parmy les dangers, elle rit, comme parle Synesius, dãs l'amertume, c'est la vapeur de la vertu diuine, l'ame l'esprit & la pointe de ce feu. Les François parmy leurs fougues & chaleurs de courage, dans les eslans, les boutades, & les brusques saillies de leur esprit, ont plus fait tousiours reluire de prudence, que tous ces esprits de la trempe de Saturne ne sçauroient faire voir en la durée de ses ans; ils vont viste & ils voyent de loing. Et puis Minerue, comme a dit ingenieusemét Homere, a les ongles vermeils & luisants, elle quitte raremét le voile pour se faire voir, tousiours quelque nuage couure ceste Diuinité à nos yeux, mais elle reluit & se monstre admirable à la fin de ses œuures. La sagesse des François paroit en la durée de leur Monarchie de plus de douze çents ans, seule esgale à celle des Assyriens,

& en

& en la grãdeur de leurs exploits qu'ils ont signalé par tout le monde, le nom de François parmy les nations les plus reculées de l'Europe, est l'epithete & le tiltre d'hõneur d'vn homme sage. Et quand bien il y auroit quelque manquemét en eux, ils ont les bras longs & ils arriuent des mains, là, où la teste des autres ne pourroit pas aller, ils sçauent coudre la peau de Lyon à celle du renard, leurs espées en vn besoing couuriroiét les defauts de leur prudence, & pour le faire court leurs palmes ne seroiét pas si fraisches & verdoyantes si on leur auoit osté la ceruelle. Mais à tãt de ce sujet: ceste moüelle du palmier, dit Plutarque, est fort douce à mãger, mais elle fait aussi tost mal à la teste. Passõs outre ce trophée erigé en vn arc de triomphe à la vieille façõ des Grecs, à la Sagesse de Louys le Iuste, la Frãce n'en perdra iamais le souuenir, elle mesme conseruée à soy mesme est vn monument à iamais perdurable de la prudence de ce grãd Roy, dont il a tousiours cõduit le cours de toutes ses actions, & la tiré de la misere, soubs laquelle elle gemissoit depuis plusieurs années.

LA

LA FONTAINE DE IVSTICE.

Ceux qui veulét asseoir plus long-temps leur veüe à la contemplation de ce flambeau lumineux, la viue source de toutes les beautez & lumieres du monde, pour n'estre esbloüis de la clarté de ses raiz, rabatent & meurtrissent le vif esclat de sa trop grande lueur dedans l'eau, qu'ils luy opposent: & nous pour voir mieux à plaisir l'esclattante gloire de la Iustice de ce grand Prince, qui nous presentoit le iour le plus heureux & le plus beau, qui nous peut esclairer de nostre vie, nous estions essayez d'addoucir la chaleur & la pointe de ses rayōs dans le crystal d'vne aggreable fontaine, pour rendre ainsi sa luisante beauté plus sortable à la foiblesse de nos yeux, & pouuoir sauourer plus à l'aise nostre cōtentement à iouir de sa dou-

X

ce presence. Car la lumiere d'or des yeux de la Iustice estincelants à fleur de teste comme la descrit Pindare & Chrysippe, chez Gellius, ou plustost le Soleil, ainsi que parle Orphée, qui est l'œil penetrant de ceste belle Deesse, a vn feu si esueillé, si vif, & si brillant, qu'il eut esparpillé nos veuës de sa clarté, particulierement en ces châleurs de guerre, où elle est toute enflambée, & vn peu plus ardante & sanguine en ses œillades, que comme autant d'esclairs & d'esclats de foudre elle pointe contre ces criminels de leze Majesté & diuine & humaine, qui se sont lassez de luy estre supportables. S'il y auoit en cela de nostre commodité, il n'y auoit pas moins de contentement pour ceste Deesse, qui se plaist grandement à contempler son image en la pureté d'vn beau crystal fondu, & trouue des douceurs nompareilles à se voir assise sur le tapis verd de la terre au bord de quelque source argentine. Themistius maniant ingenieusement le pinceau de sa plume, nous va depeignant la Verité sa sœur sur vn roc escarpé, taillé au dessus & ouuragé à la naturelle,

turelle, au milieu de diuers furjons d'eau, qui boüillonnent à l'entour de fon fiege. Et ce que dit le docte Synefius, qu'à l'ouuerture des mers par la nauigation, la Iuftice s'efcoula de la terre, ne monftre pas en elle de la defplaifance en cet element, mais pluftoft qu'indignée de fe voir fi mal traitter en terre, elle s'en alla par eau, diffiper fa triftefse dans le plaifir, qu'elle a parmy les ondes, comme auparauant elle ne feoit en iugemēt entre les hommes, que fur les puits ou aux bords des fontaines, pour y lauer de leur onde celuy qu'elle declaroit innocēt, & pour faire cognoiftre que comme l'eau, elle n'a point de couleur ny d'affection propre, mais elle prend la qualité des chofes, fur lefquelles elle s'efpache, de douceur entre les bōs, & de rigueur & aufterité pour les mauuais, qui la prouocquent. Si voftre belle humeur vous difpofe a cōfiderer icy par le menu toutes les particularitez qui fe prefenteront pour paffer des yeux à voftre efprit, vous y remarquerez plufieurs autres beaux rapports qu'il y a de l'eau & de cefte fontaine à la Iuftice. Iettés cependant vn coup

X 2

d'œil à la desrobee sur ce roc cauerneux, farsy sur le bas, où s'escoulent les eaux, de mousse & de vaze, auec force coquilles & de petites branches de corail qui pointent entre deux. Sur ce plan à niueau de vostre veüe vn piedestal regnant soubs huict pilastres d'ordre Corinthien & l'architraue frize & corniche de mesme, enceint vn espace quarré terminé par le haut d'vne clef pédante, & fermé par les flancs de sept belles niches à l'entour mouchetées les vnes en serpentin, les autres en iaspe & en porphyre pourfilé de ses veines de diuerse couleur. Leurs statuës de bronze de iuste grandeur enfoncées au dedãs, & les autres par cy par là cõposées, en vn corps en toute ceste structure, font iallir diuerses fontaines & representent toutes quelque effect de la Iustice de ce grand Roy Louys, le plus grand Roy du monde, au dire d'Agesilaus, puis qu'il est le Roy le plus iuste du monde, & seul Iuste de nom & d'effect entre les Roys. Ces deux petites loüanges, pour commencer de là, formées de ce rouge metal en ieunes garçons mignards & potelez les aisles au vent,

vent, ne les admirez-vous pas posées sur leur seant aux deux angles interieurs de la corniche, qui d'vne main iettét l'eau à poignée & de lautre souſtiennent en l'air sur le tympan d'vne grande targue de bronze, la belle Cassiopée assise dans son throne fleurdelisé, comme elle est dans le Ciel pour representer la beauté de la Iustice, auec cet hemystique tiré de Seneque.

SYDERVM MAGNVM DECVS.
Les voyla, ces petits loüangeurs bien enfeſtez de vray, & affairez à faire leur meſtier de loüer par leurs voix hydrauliques l'excellence de ceste beauté, ce Roy sans gardes, comme l'appelloit Carneades, qui vainc tout sans armes & sans soldats, cet Orateur muet, qui crie sans voix, persuade sans raison, esmeut sans eloquence, & embrase les cœurs sans feu, hors-mis ceux qui sont nez de la rigueur & cruauté des ondes, comme sont ces Nereides, ou pluſtot Lamies de la mer, lesquelles au lieu de prendre feu, conceurét l'enuie de la beauté de ceſte Royne, comme disent les Poëtes, & enfanterent la rage en cet horrible monstre marin, auquel

Andromede fut cruellement expofée en proye fur vn rocher. Voyez-vous la verité de cefte fable ? Il n'y a rien au mõde fi beau q̃ la Iuftice. la beauté mefme du corps naift d'icelle gardée en la proportion des membres & des couleurs, & fi vous voulez encore des humeurs pour la fanté, celle de l'ame confifte pareillement en vne parfaicte Iuftice. Toutes ces beautez affemblées en ce ieune Roy, au lieu d'allumer l'amour en fes fujets ont armé la haine & la rage de ce deteftable monftre de rébellion, auorté de l'enfer dedans vne Rochelle à la ruine de la France, fi ce valeureux Prince n'euft efté luy mefme le Perfee, qui a eftouffé fa rage dãs fon fang & enfeuely fon orgueil foubs fa ruine, comme vous venez de voir au trophee de fa fageffe. La Iuftice luy a mis les armes en la main pour punir cefte outrecuidée audace, la fageffe luy a fait cueillir heureufement les palmes d'vn duel fi dangereux, & la neceffité fermant la bouche à la Clemence, les a induit toutes deux à cela; car de tãt diffimuler en ce fujet, on euft fait plus de criminels, qu'on ne pouuoit redouter

ter de rebelles, qui s'opposassent à ses armes : l'impunité attire les offenses, la punition les estouffe, & nommément des Heretiques lesquels, cõme Demades disoit des Atheniens, ne font iamais la paix qu'en habit de dueil; outre que l'amour des bons sujets en est bien plus ardãt enuers leur Prince, quand ils le voyent armé pour leur defence contre la fureur puissante de leurs ennemis. Aussi remarquez-vous ceste vaillante Amazone si biẽ armée au fonds de ceste grande niche, que vous auez à front ? Ces eaux, qui au lieu de sang coulent de l'espée de Iustice qu'elle tiẽt en la droitte, & de ceste teste, qu'elle vient fraischement d'enleuer à quelque criminel, ont la mesme vertu que ceste fontaine du Royaume de Naples qui guarit les fols, & que celle d'Islande qui enflamme ce qu'on y met dedans; les coulpables en puisent des yeux la frayeur, qui les remet en ceruelle, & les bons sujets de nouuelles flammes d'amour pour vn si iuste Monarque, ceux-là apprennent à le craindre, ceux-cy à craindre pour luy, comme ils ne respirẽt que par sa vertu & pour sa gloire.

re. N'approchez pas dauātage pour lire ces mots qui font au deſſoubs, de peur de vous moüiller, car voicy vne pluye qui môte, qui deſcend, qui donne au nez, aux flancs, par tout & baigne de tous coſtez ; & ces touffeaux, qui vous ſemblent de mouſſe au poil frizé, font autant de houppes faictes de petits brins & filets d'eau, & autāt de happelourdes, pour appreſter à rire à ces Marmouſets quand ils auront enfilé la mouſtache de quelque badaut d'vne fine aſperge. Ce q̄ vous deſirez voir, ie vous le vay coucher au ſec icy ſur le papier Sur les pāneaux de ceſte contrebaſe regnante ſoubs les nids dés ſtatuës ce ſont ces emblemes, deuiſes & Anagrammes qui vous attirēt par les yeux. Vn Elephant droict ſur ſes pieds auec ces mots,

NON FLECTITVR.

Vne touffe de ioncs verdoyants & ces paroles à l'entour dedans vne volute.

PVNTAN AL FIN.

Le iōc eſt doux & poly en ſa tige ſans eſpines ny nœuds, mais il ne laiſſe pas pourtant de faire ſentir par fois la pointe de ſon aiguillon

au Palais de la Gloire. 169

guillon à ceux, qui luy veulét paſſer la main
deſſus, & ce bon Prince tout confit en la
douceur, & porté naturellement à la clemence n'a aiguiſé ſa iuſte cholere qu'a l'ex-
tremité contre ces preſomptueux rebelles,
qui s'en ſont deux meſmes bleſſez courans
furieuſement apres la malice de leurs pen-
ſées à entreprendre ſur ſon authorité Royale, cependant que la Clemence & la Iuſtice s'entre-combattoient dans ſon eſprit, où
eſtoit le plus gros de la guerre. Il pouuoit
prendre en vn meilleur ſens pour deuiſe ces
paroles d'Anacreon:

Μάτlω δ' ἔχω Βοέιlω.
Τὶ γὸ βαλώμεθ' ἔξω,
Μάχης ἴσω μ' ἐχέσης.

A quoy ſert le bouclier & la cuiraſſe au dehors, puis que c'eſt au dedans, que ie ſou-
ſtiens le plus fort du combat. Ceſte man-
ſuetude du Roy eſtoit touchée en l'vn de
ces Anagrammes.

LOVIS DE BOVRBON LE IVSTE TREIZIESME
ROY DE FRANCE ET DE LA
NAVARRE.
BON ROY D'AINSI FERE EZ REBELLES TA
DOVCEVR TE RAVIRA LE NOM
DE IVSTE.

Y

& cetuy-cy qui eſtoit à l'oppoſité, ſoubs la ſtatuë de la Iuſtice armée viſoit là meſme.

LOVIS LE IVSTE DE BOVRBON TREIZIESME ROY DE LA FRANCE ET DE LA NAVARRE.

SOYEZ BIEN RVDE AV REBELLE ET LE MONDE A LA FIN ADORERA VOSTRE IVSTICE.

L'amour d'vn Prince enuers ſes ſujets n'empeſche pas que la Iuſtice ne ioüe de ſõ glaiue, quãd il en eſt temps; c'eſt vne eſpece de Clemence & de miſericorde d'vſer de ſeuerité enuers ceux qui ſe perdent par trop de douceur, pour les remettre au chemin de l'obeïſſance d'où ils ſe ſont fouruoyez; celle-cy les fait ranger dans le debuoir, & les rend ſouuent meilleurs ſujets, qu'ils n'ont pas eſté mauuais rebelles; l'amertume qu'ils conçoiuent au commencement ſe change toſt apres en flamme d'amour & de fidelité comme marque ce petit traict de pinceau ioignant ces Anagrammes, qui forme vn Mont-gibel au milieu des ondes de la mer vomiſſant feu & flammes de ſa pointe, auec ces mots Italiens.

DE L'AMARO L'AMORE.

Mais

au Palais de la Gloire. 171

Mais cependant que ie vous entretiens en ceste menüaille, vous perdez le plaisir de voir cet Apollon crespelu auec sa lyre en main, dans ce Iaspe frangé d'vn lierre grauissant à l'entour de sa vouture, qui rauit les yeux & le iugement au monde ne luy permettant pas de discerner s'il a le poil tout d'eau ou tout de feu, car ce bronze touffu taillé en cheuelure flottãte d'vne onde molle sur sa teste & sur ses espaules, semble estre composé d'autant de beaux rayõs frisez, ou de filets d'vn feu vif & subtil & de franges de flamme recrespées tant sa couleur est haute & esclattante, & toutefois ce n'est qu'eau ou du verre fondu qui file tout le long des rayons de son diademe. Et l'archet duquel ordinairement il entame les chordes de sa lyre, n'est autre, comme on dit, que sa chaleur, & icy tout est d'eau, & encore bien fraische, laquelle desgorgeant auec peine de ces petits canaux qui la tiennent captiue, fait de son bruit toute ceste Musique que vous entendez d'Apollon & d'Orphee, qui de l'autre costé ne fait pas moins mal son debuoir sur sa harpe. Les

Les creux de ces rochers en refonnent au tour touchez, comme il eſt à croire, d'amour enuers ce Monarque, duquel ils apprennēt les hauts faits, des chordes eloquētes de ces diuins chantres, qui enchantent & animēt ce meſme qui n'a point d'ame. Tout y rit, quant à cela, & tout y danſe, & vous diriez bien que ces eaux ſont de la fontaine Eleuſine, qui s'eſgaye au ſon de la muſette des bergers, treſſaillant d'ayſe, ſautelāt & ſouſleuant à gambades ſes flots, & ce cigne auprés d'Apollon, qui tourne gracieuſemēt le col & le bec vers les cordes de ſa lyre ſemble les vouloir accompagner de ſon chant. Au reſte ils y vont bien d'affection car ils en ſont tous en eau, & voyla cet Orfee qui fait de ſa ſueur vne nouuelle fontaine ; l'Anagramme qui eſt au deſſoubs bien à propos vous en fait prendre garde.

LOVYS LE IVSTE DE BOVRBON TREIZIESME ROY DE LA FRANCE ET DE LA NAVARRE.

BON ROY L'ORFEE ADMIRE TA IVSTICE ET BANDE' SVR SA LYRE EN SVE DE LA LOVER.

Il treſſua iadis d'apprehenſion de tant de
guerriers

au Palais de la Gloire.

guerriers exploits d'Alexādre le grand, qu'il luy falloit chanter apres ses victoires, maintenant il suë à grosses gouttes de tant de cōtention d'esprit & de ses nerfs qu'il bande pour chanter les loüanges de Louys le Iuste qu'il admire sur tous les Monarques qui furēt iamais. Ou bien, cōme ie croy, ceste source, qui entrecouppe sa veine en tāt de parts, vient toute de la sueur que ce ieune Roy a fait couler de son corps soubs le faix de ses armes pour l'amour de la Iustice, & la Gloire, qui l'a recueilly soigneusement cōme le plus precieux parfum des plus grāds Roys, changeant icy ces sueurs en fontaines, pour immortaliser la memoire de ses trauaux, a voulu transformer ces fontaines en la sueur de ceux qui chantent la merueille de ses vaillances.

Si l'enuie vous prend parmy tout cecy de coronner les peines qu'il a prins pour vous conseruer dedans vostre aise, ces citrōniers sont icy tout à point dans ces beaux grands vases de marbre blanc, & ils ne dōnent pas peu d'air à la vertu de ce tres-vaillant & tousiours trauaillant Monarque, car comme escrit vn Poëte de nostre temps, à l'occasion des arbres plantez par la main Royale d'Henry le grand à Nerac.

Voyant la durté de cet arbre,
On dit que son bois est de marbre,
Que ses fleurs sont d'argent caillé,
Ses veines sont de fer de mine,
Ses fueilles d'estoffe fort fine,
Et son fruict est d'or esmaillé.

Et ceste Royale plante, comme l'espine de Babylone, que l'on voit plantée & fleurie en vn iour, a produit en la fleur de sa ieunesse de l'aspreté de ses trauaux les doux fruits de l'asseurance & de la paix que vous goustés à ceste heure, & ceste espee de Iustice du monde, comme Charlemagne appelloit son Roland, porte sur son pommeau, ainsi que celle de Persee, vne pancarpie & corne d'abondance de toute sorte de fruits, qui foisonnent tousiours, au dire d'Homere, soubs les Roys qui aiment la Iustice, cõme marquẽt ceste Flore & Pomone, lesquelles dans ces dernieres niches de porphyre, en signe d'abondance font couler de leurs mammelles au lieu du laict vne viue source
d'eau,

au Palais de la Gloire. 175

d'eau, le premier principe de toutes choses au iugement de Thales, & la mamelle des herbes & des plantes, comme dit Clement Alexandrin. Δίκη, escrit Oppian en sa Pescherie, τρέφουσα πολήων, la Iustice est la nourricière des Villes.

Si vous auez soif, voicy pour l'estouffer vn rocher mis fraischement en perce, qui vous desgorge liberalement du vin, la conche qui le reçoit, vous dit briefuement que c'est, en ces deux mots.

CIVITATIS LIBERALITAS.
Mais ce petit Bacchus si bien enioüé & retroussé qu'il est sur ce dragon qui vomit ceste liqueur pourprine, esclatte de rire & se mocque de vous, non ce n'est pas de vous; cest bien voirement vn petit Dieu follastre, mais il porte respect aux gents d'honneur. Il rit de ces anciens Massillois, qui defendoient aux Magistrats de boire du vin durant l'année de leur charge, & de cet Ambassadeur du Roy de Perse, qui loüoit la Iustice des Ægyptiens, d'auoir pendu les vignes aux branches des arbres, comme si elles estoient complices de toute l'iniustice &

des

des mal-heurs qui se commettent. Voulez-vous que ie luy face le bec? il vous dira aussi tost, que vous ne l'accusiez pas de vous auoir fait trop parler, car il vous auoit picqué la langue en entrant, pour vous faire signe de vous taire ; reiettez toute la faute sur vostre imprudēce, car le vin disoit Chæremon, se mesle & detrēpe auec les mœurs de ceux qui le boiuēt. Au reste taisez-vous, car il vous a souuent fait boire sans auoir soif, & seruez-vous sagement de ce fruict des iustes armes de Louys le iuste. Pour ces deux fleuues qui sont là deuant vous dedās ce roc moussu, assis sur vne ionchée de roseaux & accouldez sur leurs cruches, qui versent de gros boüillons d'eau, ne prenez pas la peine de les faire parler, ie vous diray en deux mots ce qu'ils veulēt, c'est le Rhosne & la Durance, qui se ressouuiennent de leur Roy René Comte de Prouence, lequel, quoy qu'armé ne laissoit de rendre Iustice, & disoit que la plume des Princes ne deuoit iamais estre paresseuse, & qu'elle estoit vne sorte d'armes, dont le Prince pouuoit vser en tout temps. Cela leur asseure le courage

pour

pour demander icy Iuſtice à S, M. celuy-là, à ce qu'il luy plaiſe de condamner ce ſiecle d'or qu'elle fait renaiſtre à la reparation de ſes arcs de triõphe au pont d'Auignõ qu'vn ſiecle de fer luy a iniquement abatu au dõmage des prouinces voiſines, & cetuicy a ce qu'on luy donne ordre par quelles terres il doit promener ſes ondes, à fin qu'en ce temps ſi heureux il ne ſoit plus occaſion de diſcorde entre deux peuples voiſins. Le reſpect neantmoins à la preſence de S.M. leur lie la bouche, mais non pas la main à ce petit archer de Dauid, qui vient de vous deſcocher vn grãd coup de ſa fonde tellement que la playe en decoule, ce n'eſt pas du ſang toutefois, n'en ayez pas de peur, ce n'eſt que de l'eau qu'il vous à laſché contre, car pour les cailloux, ce n'eſt qu'a l'impieté & à l'arrogance du Philiſtin, qu'il les reſerue pour le ruer par terre. Mais cependant il vous a donné dans la viſiere, ne vous affligez pas pour cela, tãdis que vous eſſuyerez la playe, vous ne craindrez pas d'eſtre empierré au regard de ces Meduſes entaillées de relief ſur le bronze, furieuſement rechignées, les

Z

les yeux enfoncez les sourcils pendants, & la gueule beante qui degorgent les eaux escoulées de toutes parts dedans ce grád bassin de pierre marmaride sur le milieu de ce roc, & vous en aurez la veüe de l'esprit plus claire à la consideration de ces deuises. Au sousbasemét de cet Apollon est depeint vn Soleil dardát ses rayons de tous costez auec ceste inscription.

OMNIBVS IDEM.

Vous sçauez ce qu'en dit Proculus, que la Iustice a son throne au milieu de cet astre, pour autant qu'il communique sa lumiere esgalement à tous les hommes & à toutes les contrées de la terre, & qu'il fait paroistre chaque chose comme elle est sans couurir la noirceur d'vn visage More, ou noircir le laict d'vn corps françois. Orphee l'appelle pour ce sujet le grand seau du monde, qui r'imprime chaque iour sur tous les corps la couleur & la figure, que les tenebres y auoient effacé.

 Des Alcyons dans leurs nids auec-que leurs couuées sur vne mer tranquille & ces paroles qui sont l'esprit de la peinture.

IN

au Palais de la gloire.

IN ÆQVITATE FOECVNDITAS.
Vn palmier chargé de dattes meures auec ces mots. DVLCEDINE FORTI.
Des espics bien grenez sur vn chaume roide & leur chalumeau bien droit soubs vn rouleau volant qui porte ceste lettre,

SVS BIENES NO LO CVERVAN.
Vn arc en ciel bigarré de toutes ses couleurs sur le fonds d'vn obscur & espais nuage & son explication en ces paroles.

HIC TENDITVR ARCVS IN PACEM.
Vne mer courroucée & ses flots esleuez en forme de montaigne qui viennent fondre sur le sable du bord sans oser l'outrepasser, le sens sur ce sujet est compris en ces mots.

EN SV SAÑA TEMPLADO.
Des lis deboutonäs leur candeur, & parfumants de leur douce odeur vn beau parterre, fermé de la volute qui porte ceste epigraphe.

NO ACOTAN SINO EMBALSMAN.
Ie ne veux pas lier vostre esprit à vne explication de ces deuises, i'aime mieux vous laisser discourir dessus en liberté, vous y des-

couurirez plus de rayons de la gloire de Louïs le Iufte, que ie ne vous en fçaurois depeindre fur vn grand volume. Ie ne voudrois pas, puis que voftre veüe eft remife, que vous iettaffiez vos yeux fur ce quatriefme Anagramme, que la Deeffe Pomone à foubs fes pieds, ils ne font pas nez fi heureufement, que ceux qu'on vient de me faire voir d'vn Mr. Billon Aduocat au parlement d'Aix en Prouence, qui en a compofé en quãtité à la loüange de S.M.tref-chreftiẽne, & de fon bel efprit a releué vne chofe, qui de foy fembloit legere, il vaut mieux, dit vn anciẽ, dans les diuerfes hiftoires d'Æliã, eftre grand en chofes petites, que d'eftre raualé & rãper parmy les grandes. Puis que vous le voulés neãtmoins il paffera icy parmy les autres; il eft à propos de l'abondance & de la ioye publicque qui regnent, comme dit encore S. Cyprian, au regne de la Iuftice.

LOVYS LE IVSTE DE BOVRBON TREIZIESME ROY DE LA FRANCE ET DE LA NAVARRE.

LA BONNE IOYE DVRERA, LA TERRE SERA, FIDELE, ET NVL DAM SOVBS CE IVSTE ROY.

Regar

au Palais de la Gloire.

Regardez auſſi conſequemment ceſte derniere deuiſe, d'vn globe d'azur eſtoillé & vne plattebāde au milieu en forme de ceinture parſemée de fleurs de lis ſans nombre auec ſon inſcription.

CIMIENTO DEL MVNDO.
c'eſt l'eſcharpe ou le chemin de laict dedās le Ciel, q̃ pluſieurs anciennement croyoiēt, eſtre la iointure & le cimēt des deux hemiſpheres du monde, au rapport de Manile au premier de ſes Aſtronomiques, bien à propos pour monſtrer comme les lis de la France & la Iuſtice de nos Roys, ſont le lié & le nœud, qui entretiennent en paix mutuelle tous les Monarches & les Royaumes de le terre; les Princes Chreſtiens ont eu preſque touſiours les Roys de France pour arbitres de leurs differents, leur couronne eſt la fontaine de Iuſtice qui arrouſe non ſeulement ce beau parterre de l'Europe, mais encor recree & rafreſchit de la pureté de ſon onde toutes les autres parties de cet vniuers, cōme marque ce pouppelot aiſlé poſé ſur ſon pied gauche au deſſus de ceſte clef pendante pour coronnement de l'architecture, qui

porte

porte d'vne main en lair, ceste coronne Royale dont les rayons & les fleurs de lis font tout autant de fontaines qui arrousent ce rocher de tous costez. Si vous pouuiez oüir ce petit de prés, vous apprédriés de sa bouche ce dixain à la loüäge de Louys le Iuste.

Grand Roy sur les Roys tres-auguste,
Roy seul appuy des autres Roys,
Qui vous recognoissent si iuste,
Qu'ils vous font arbitre des loix.
Si vous arrousez de vostre onde
Les Royaumes de tout le monde,
Pour calmer tant de flots diuers,
Le Ciel veut que vostre coronne
Auecque le temps enuironne,
Le circuit de tout l'Vniuers.

Ces autres deux assis sur le rejet de la corniche se targuent chacun de leurs targues de bronze au tympan fleurdelizé d'or & champé d'azur, & croyent d'estre ainsi bien à couuert pour moüiller impunément tous ceux qui passent ; si le fumet vous en monte au cerueau, escoutez les qu'ils vous disent ces paroles du prouerbe.

SI AQVAM BIBIS PVTEVM CORONA.

Et

au Palais de la Gloire.

Et penſiez-vous d'en eſtre quitte pour le plaiſir q̃ vos yeux ont puiſé de ceſte fontaine, ſans en corõner la ſource de mille belle loüanges, qui eſt la Iuſtice de voſtre Roy, car pour elle on a fait monter l'eau à force de bras par vne trõpe à ſix vingts pieds de haut, d'vn puits profond de la maiſon voiſine de Mr. Tourreau l'vn des ſix Deputez de la ville pour ceſte entrée de S. M. d'où eſtant reconduitte dedãs ſon canal iuſques en terre, elle ſe relance en haut & degorge icy auec violence, comme vous voyez, par cent trente tuyaux diſtribuez en toutes ces ſtatuës de bronze & parmy le rocher comme veines occultes. La gentileſſe de l'eſprit de M. Tourreau y paroit biẽ auſſi, & la particuliere affection qu'il a eu à honorer ceſte Majeſté Royale, car ayant eu pour ſa part la cõduitte de ceſte fontaine ſelon le deſſein general, auec beaucoup de trauail & par vn grand artifice il a fait & diſpoſé ſes enrichiſſemens en telle ſorte, que pluſieurs les ont attribué à la nature. C'eſt vne choſe loüable d'auoir ceſte cognoiſſance practique de la nature de l'eau, Hercule meſme

iadis

iadis en reçeut de la gloire, & fit voir au monde par cet art des effets du tout admirables. La liberalité de la Ville y a voulu adiouster pour la publique resiouïssāce ce ruisseau de vin semblable à celuy de l'Isle d'Andros, ou le bon Dionysius d'vne face cramoisie mais riante verse à boire à tout le monde dedans ces tasses de sa couleur.

---*Expositum cunctis nullique negatum*
Numen, ab humani solum se labe furoris
Vindicat.

comme dit Lucain: il est prest en ce siecle d'or de faire couler des ruisseaux de vin par la campagne, pour le seruice non seulemēt de ce iuste Monarque, ains encor de tous ses sujets, mais à cōdition qu'on ne le chargera plus des insolences, que l'intemperance commet, car au Royaume de la Iustice le vice est declaré roturier & infame & doibt estre desaduoüé de tous. Le Ris, Comus, les Satyres, & les Sillenes, accoururēt aussi tost pour succer ceste mammelle, & chacun en passant vouloit auoir le plaisir d'en gouster. S. M. mesme commanda a vn de ses valets de pied d'en boire,

La

La fontaine finiſſoit en vn petit arc de triõphe qui fermoit la ruë entre deux grãds piliers quarrez. Sur la frize de la corniche qui portoit au deſſus eſtoient ces mots briſez.

LVD. XIII. ÆTERN. IVSTO LILIAT. THEMIS.

Six gros feſtons de fruicts en plein relief, induſtrieuſement & richement trauaillez pẽdoient de là attachez à quelques muffles de pareille taille, les ſouſbaſemens au trois faces qui eſtoient en veuë, eſtoient remplis de diuerſes deuiſes ſur le meſme ſujet. Mais il faut paſſer outre, apres auoir pris au chemin ceſte inſcription ſur le corõnement de l'arc dans vne grande targue de bronze.

IVSTITIA DVBIVM VALIDIS-NE POTENTIOR ARMIS.

Et celle-cy qui eſtoit à l'autre face.

IVSTITIA ET PIETATE PRINCIPES DII FIVNT.

Ce grand Monarque eſt ſi eminent en toutes les Vertus qu'on ne ſçait à quelle donner le premier rang de ſa Iuſtice ou de ſa vaillance, l'vne a maintenu l'autre & tou-

tes deux ensemble ont fait admirer au mõde ceste Royale pieté qui le releue autãt entre les demy-Dieux, que sa coronne le re-
hausse entre les hommes. Alons les cõtem-
pler toutes deux sur leur theatre, la Iustice,
qui a les clefs en main, au dire de Pindare,
de la paix & de la guerre, nous en ouure le
chemin auec ce vieux mot.

I RECTAM VIAM SI IVSTVS ES.

LE THEATRE DE
LA FORCE ET DE LA PIETE.

Iamais la foudre n'est mieux logée qu'entre les mains de l'Amour, il a le bras assez roide pour le darder & de suauité assez dans son esprit pour addoucir la pointe de sa chaleur, & mettre les bons à couuert de sa puissance, il est le plus fort & le plus doux de tous les Dieux, autant amiable & fauorable à tous, qu'il leur est redoutable. Et ie ne peux, que ie ne loüe la noblesse de l'esprit d'Alcibiades, lequel pour asseurer le peuple d'Athenes qui redoutoit son courage & la grandeur de son pouuoir, fit peindre vn quarreau de foudre allumé sur son bouclier, non pas comme fit apres l'Empereur Antonin reposé sur vn lict, mais entre les mains d'vn mignard Cupidon, qui ne s'en fert iamais que quand le flambeau de fon amour ne peut pas amollir la durté de quelque cœur rebelle. Auffi les grãds Roys ne fe feruent iamais de leur force, qu'apres auoir effaié tous les traits de douceur; le mõde s'en iroit tous les iours par efclats, s'ils lafchoiét à tous coups les foudres vangeurs, & fi la Iuftice & les autels diuins n'eftoient les bornes & les frõtieres de leur puiffance. Tout l'vniuers eut tremblé ces iours paffez & fe fuft efperdu de frayeur fans auoir où fe perdre q̃ dedans foy mefme, aux efclairs rougiffants de la cholere iuftement allumée de ce puiffant Monarque de la France contre ces Heretiques reuoltez, s'il n'eut recognu au feu mefme qu'il portoit, que ceftoit vn Amour armé de foudres de fureurs & d'efclairs, & vn aigle royal qui eft tout cœur & ne fe nourrit que des cœurs, que l'amour de fa France auoit fainctement enflammé contre l'impieté & l'iniuftice. Son bras armé eftoit autãt pour tous qu'il eft par deffus tous, & fon courage indomptable ne tefmoignoit pas moins de douceur & de bien-veuillance enuers les bons, que de force ce pour faire ployer tous les obstinez soubs son pouuoir; C'estoit l'amour qui luy auoit roidy les bras & affermy le cœur à vne si hardie & difficile entreprise. Et côme Achille disoit, que ses faits d'armes les plus perilleux & les moins penibles estoient ceux que l'amour de son cher Patrocle luy auoit fait entreprendre, aussi l'affectueuse volonté qu'il a pour le biẽ de son peuple,luy auoit fait mettre l'espee au vent redoutee comme le foudre de ses ennemis qui en ont senti le coup auant qu'ils ayent veu de quel costé menaçoit l'esclat de son tonnerre. Sa generosité meslée auec vne incroyable douceur paroissoit soubs l'esclat de ses armes auec tant d'esclat sur son visage, ses yeux tenoient tant de l'imperieux & du courtois, du fier & du modeste, du furieux & du debonnaire, qu'à son abord à mesure que la crainte se couloit dedans l'ame de quelcun elle se changeoit en admiration, & de là s'enflammoit en l'amour d'vn si valeureux & tant amiable Monarque, qui s'est veu aussi tost victorieux qu'armé, & ses victoires changees en amours de tout le mon-

Aa 3

de, comme nous les auions icy repreſenté, ſi pluſtoſt l'Amour, qui à guiſe d'vn Prothee préd toutes les formes, qu'il veut; ne s'eſtoit icy deguiſé en Victoire, pour poudroyer de ſes foudres l'orgueil de ces rebelles, & tout d'vn coup faire triompher la valeur de ce Monarque ſur les cœurs de tant de Princes eſtrangers, auſquels la Renommée en reciteroit les merueilles. Elles n'ont auſſi beſoin que d'vn theatre pour ſe faire voir, & admirer, tel que nous leur auions icy dreſſé.

Il eſtoit eſleué ſur la grande place du change de 52. pieds iuſques à ſon coronnement & eſtendu de 48. en large ſur vn eſchaffaut de pareille grandeur, hauſſé de 5. pieds ſur terre. L'architecture en eſtoit ſi maieſtueuſe, le ſujet ſi aggreable, la manufacture ſi bien conduitte, la diſtribution & ordre ſi propre, & les proportions ſi bien gardées que tout y ſembloit rire aux yeux; & la peinture y eſtoit ſi belle & ſi riche, les traits ſi hardis & ingenieux, les figures ſi excellentes, les ombrages tant au naturel, la varieté ſi grande, & toute la repreſentation ſi viue, qu'elle reuiuifioit les eſprits, & les

au Palais de la gloire.

les tenoit engluez fans leur permettre de paffer outre. Pline raconte par merueille que quelques excellents peintres jadis auec le meflange de quatre couleurs, faifoient de pieces fi admirables qu'elles ne fe pouuoient eftimer, qu'au prix des grãdes villes ou des Prouinces entieres. Et icy par le meflange de trois couleurs iaune, noir & rouge fur les tableaux on voyoit naiftr tant de beautez, & auec le blanc, le noir & l'azur fur l'architecture, le pinceau auoit colé fur le bois & fur la toile tant de penfées, de faillies, caprices, & hardieffes d'efprit qu'on ne les fçauroit affez prifer.

Le premier corps du theatre eftoit eftayé fur fix pilaftres d'ordre Corinthien aux bafes & chapiteaux bronzés, & les ftylobates ornées de diuerfes deuifes fur des targues de cuiure ; les faces des pilliers eftoiēt faictes comme de demi-taille à longs faiffeaux de fueillages & de fruicts attachez à des mafques, muffles, candelabres antiques & femblables fantaftiqueries d'ouurier. La frize de la corniche qui regnoit tout au lõg par deffus, eftoit remplie de diuers boüillons

lons de fueillages, qui se replioient & renuersoient en limasson & autres extrauagances d'esprit, auec vn tel rejet, qu'il sembloit estre ouurage de demibosse. Sur le plan d'icelle vn rang de baluftre couronnoit la face du premier theatre sur lequel le second s'esleuoit par six grandes consoles qui portoient à plomb sur le nud des piliers; l'enrichissement de leur corniche, frize & architraue estoit semblable à l'autre, à la cime vne table d'attente portoit ces paroles qui comprenoient tout le sujet,

DIVVM CAVSA TIBI RERVM CON-
IVNCTA SALVTI,

BELLORVM DVPLICAT LAVROS.

Nous auions icy conioinct la Pieté auec la force puis que en ceste guerre elle s'estoient tenu compagnie si fidele. Ce Prince trespieux en ses propres iniures auoit voulu vãger les iniures de Dieu, & Dieu a vangé les siennes si puissamment & auec vne prouidence si douce, que ses ennemis ont fait ioug soubs l'effort de ses armes inuincibles, & toute la gloire apres Dieu en est deuë à sa Vertu. L'occasion encore n'y fauorisoit pas

moins

au Palais de la Gloire. 193

moins c'estoit icy la constellation de l'Autel, où les Dieux coniurerent la guerre contre les Geants, & celle de l'Aigle qui porta les foudres à Iupiter pour escraser l'orgueil de ces impies, il ne falloit pas separer l'vn d'auec l'autre: Le dessein portoit à ces fins vne grande tour faicte de ces pierres de Munda ville de Grenade où Cæsar deffit Pompée, qui representent vne palme à toutes les pieces qu'on en faict, c'estoit pour y loger la Force ; & vn temple en forme de rotonde pour la Pieté, qui eussent flanqué le theatre commun à toutes les deux, si l'ouuerture des ruës d'vn costé & d'autre, qu'on vouloit laisser libre, n'eut empesché de les dresser, & mutilé ceste piece de ses plus beaux ornemens. Si ne laissa-t'on pas de la parer d'vne grande diuersité d'emblemes, deuises & statuës de bronze qui redoient par leur esclat la beauté de ce iour sombre & tenebreuse. Entre les piliers sur le bas du theatre trois grãdes niches de relief, & deux grands tableaux de couleur de feu, qui les diuisoient inspiroient ie ne sçay quoy de noble par les yeux.

Bb

dedans l'ame à ceux, qui auoient quelque peu d'intelligence. En la grande niche du milieu, qui en côprenoit trois s'amoindrissants toussiours l'vne dans l'autre, estoit la statuë du Roy d'vn bronze esclattât, qui le representoit d'vne stature & d'vn port Heroique en ceste viue fleur de ieunesse, qui luy a espoinçonné le cœur des ialoux souhaits d'vne gloire immortelle, & fait suiure les brisées du peril auec honneur; la Ieunesse chez les Poëtes est fille de la Gloire; le fonds estoit peint en veloux bleu turquin fleurdelizé, & la niche toute historiée sur l'azur de diuers trophees d'armes, de rainseaux de fueillage delicats & fort esgayez, & d'autres parergues bizarres qui rehaussoiét à merueilles la beauté de la statuë, son piedestal portoit ceste inscription.
FLOS VETERVM VIRTVSQVE VIRVM.
Et du plat-fonds sur la plattebande de la niche, se iettoit vne petite Victoire volante qui luy presentoit vne coronne d'or sur la teste. Dans les autres deux niches estoient la Force & la Pieté parées à l'ordinaire mais d'vne extraordinaire beauté, au dessus estoient

au Palais de la Gloire. 195

estoient ces deux constellations, sur la Force, l'aigle volante & vn foudre en ses serres auec ceste deuise,

COELESTIBVS AVSIS.

Sur la niche de la Pieté, l'autel & le feu allumé dessus, & ceste lettre à l'entour,

NOTÆ TANTVM FELICIBVS ARÆ.

Les autres deuises qui estoient sur le tympan de chaque piedestal en bas, estoiét pour le corps toutes faictes de lis, dont ce chemin de laict est tout parsemé, comme nous auons dit, celles cy se rapportoiét à la force. Vn lis auec sa tige verdoyante & ses fueilles semblables a des lames d'espee, & ces mots espagnols au dessoubs,

SVS BRACOS SON CVCHILLOS.

Vn autre lis declos faisant paroistre dedans la neige de ses fueilles six martelets iaunes, l'esprit consistoit en ces paroles,

SVS GOLPES DORAN.

Les ennemis de S. M. ont receu de la gloire de mourir d'vne si glorieuse main. La troisiesme estoit des roses môtées sur vne haye comme sur des eschalas, & des lis tout aupres s'esleuâts sans appuy de la mesme hau-

B 2

teur que les roses, l'Epigraphe estoit.

DE SI SOLOS.

En ces autres on remarquoit exprimée la pieté des Roys de France & nommément de Louys le Iuste. Vn beau Soleil dardant ses rayons amoureusement sur des lis, qui s'ouurent à la douceur de sa lumiere & vn rouleau volant qui en porte l'explication.

LOS ABRE Y LOS DORA.

Des clefs Papales & des lis qui les dorent de leurs filamens iaunes, le sens est en ces mots.

DE MIS THESOROS.

Ce sont les Pepins & les Charlemagnes Roys de France, qui ont ouuert le pas à la grandeur de l'Eglise, & l'ont doré de leurs thresors, les marbres dans l'Italie leur conseruent encor à present cet honneur. Les autres Roys l'ont accreu & conserué aprés.

Sur le dernier piedestal croissoit vn lis diuinement blanc du laict espraint de la mammelle de Iunon, auec ceste inscription.

DIVVM SANGVIS PULCHERRIMUS.

Le laict se fait du plus pur sang, & les lis François, qui n'ont eu autre semence que le laict

laict de la Royne des Dieux, sont le plus beau & le plus pur sang des Dieux, qu'est-il de merueille s'ils ressentent leur origine, & s'ils ne respirent que le ciel. Clem. Alexand. appelle le laict φίλτρον ἐυνοίας, vn charme de bien-vueillance. Iettons maintenant les yeux sur ces grands tableaux qui estoient entre les niches, ie m'asseure que vous prendrés plaisir d'entretenir vos pensées sur vn si digne sujet, commençons par celuy de la Pieté.

LA PIETE ROYALE.

Es mains des Peintres sont quelquefois esprises d'vn enthousiasme & guidées d'vne diuine fureur aussi bien que les Poëtes, qui fait que leurs ouurages ressentent assez souuent ie ne sçay quoy de prophetique & de surnaturel. En ceste agitation vehemente de leur esprit ils voyent ainsi que les Menades ruisseler le vin & le laict par les campagnes, & recueillent le miel sur les rochers, qui apres leur semblent secs

& infructueux, comme a fait icy cet ouurier, qui a tiré de son pinceau ie ne sçay quelle extatique douleur qu'il a transferé sur ceste image. Non, il vaut mieux dire que nostre ame est comme vne mer bridée & resserrée dans ce sable mouuant, & ces atomes cimētez d'vn peu de sang & de phlegme, elle a ses montées & ses descentes, son flux & son reflux & quād elle s'enfle & surmonte soy mesme, elle inonde tout ce corps, qui ne paroit plus corps mais tout esprit, & selon ses passions elle le change en douleur ou en ioye, elle l'allume de cholere, & le rend tout courage, le cœur & les yeux ne sont que feu, le bras est tout force, la langue n'est qu'eloquence, & les pieds se trouuent auoir les aisles de l'esprit pour voler, & les mains d'vn braue ouurier ne sont q̄ hardiesse & merueille qu'il imprime sur son ouurage, si plustost son ame, ne si transporte elle mesme, comme ie croy qu'il en est arriué icy. Ceste Vierge que vous y admirez en extase, & en vn doux rauissement d'esprit soubs ceste coronne Royale le nid des veilles & des soucis qui luy entoure le front, tesmoigne tant de vifs ressentimens sur son visage, qu'elle donne à cognoistre qu'il y a en elle quelque chose plus que de l'humain qui luy a esté inspiré par quelque en-
thou

au Palais de la gloire. 199

thousiasme du peintre. C'est la Pieté, si vous ne la cognoissez pas, qui concerte auec la Religion, & marie aux piteux accés des chordes de sa lyre ses regrets lamentables sur les malheurs que cause l'heresie en France. La Religion, qui l'esclaire d'vn flambeau, & de l'autre main luy met deuant les yeux vn liure ouuert, la maintient en harmonie, tandis que la vehemence de la douleur sousleue son ame, qu'elle fait sortir iusques sur le bord des leures & le bout de ses doigts pour emparler & rendre eloquentes ces chordes au ressentiment de sa tristesse. C'est vn miracle sans rareté, dit S. Gregoire de Nazianze, de donner vn corps à sa pensee qui n'est que pur esprit, & la rendre perceptible au sens par vn petit coup de langue, qui l'attache & la fait rouler sur vn peu d'air comme captiue par les oreilles de tout vn monde, mais d'vn coup de pinceau inanimé faire naistre tous les ressentimens & les passions d'vne ame sur la toile, & trouuer dans vn peu de couleur l'emboiteure de deux extremitez si differentes cõme sont l'austerité & la douceur, la cholere & la tristesse sur ces yeux que vous voyez languissants & comme esteints auec vne vigueur impetueuse & vehemẽte, c'est ce que ie ne peux assez admirer. Tout
est

est icy muet, & tout y parle, cet incarnat que la cholere & la pudeur impriment sur ses ioües, ces regards furieux & ramollis d'vne angoisseuse destresse, ceste bouche modestement & pitoyablement ouuerte, qui donne l'ouuerture à sa douleur & la fait redire par ses doigts à sa lyre, tout cela monstre cōbien grande partie de nostre esprit est la tristesse, & d'vn chant tout plein d'vne enchāteresse douleur charme les cœurs par les yeux plus que par les oreilles, & allume ie ne sçay quelle indignation dedās les cœurs. Iamais la voix d'Orphee ne fit tant de merueilles car voylà que toutes choses attirées par la force occulte de ceste voix, y accourent & vnissent leur voix, s'accordent & concertent auec elle, le Ciel auec la terre, les viuants & les morts, les Eglises ruinées, les Autels profanez, les sepulchres foüillez, les ombres larmoyantes de tant d'innocents cruellement massacrez, les villes saccagées, les Prouinces desolées laschent la bride aux douleurs qui les possedent, & lamentent les doloreux accidens, les rebellions, les attentats, les meurtres, les sacrileges, les blasphemes vomis contre le Ciel, les coniurations publiques, les massacres, les boucheries, les cruautez qui ont desolé la France, l'ont presque noyé
dans

au Palais de la Gloire.

dans son sang & accablé de ses ruines soubs la fureur & la rage d'un tas de libertins, de mutins & d'Athées, l'opprobre du Ciel & de la terre qui reuiennent à leurs premieres frenesies & renouuellent leur ancienne fureur; si la valeur de ce ieune fleuron des sacrez lys de la France ne se haste de trancher par le fer la racine de ces malheurs, qui menaçent principalement sa Coronne Royale. Tous ces piteux accens que leur dueil eslance auec tant d'affliction, si vous y prenez garde, esleuent le courage de ce ieune Monarque, luy enflent les poulmons pour respirer d'un air tout martial des choses grandes, & donnent des viues pointes à son ame, car l'action de ses yeux est fort attentiue, & son visage se ressent des vifs ressentimés de son esprit, sa cheuelure s'esbranle desja comme au combat & s'accommode aux impetueuses passions de son ame, & comme le Iupiter d'Homere secoüant sa perruque il fait trembler de frayeur tout le monde. Ce cheual alezan obscur, qui petille aupres de luy d'impatience de se voir au choc & ruer dans la meslée est animé de ces voix, & le voyla qui pennade, se cabre & se quarre fierement, il se suit, il se fuit, il fume, il ronfle, il braue & fait solemnelle monstre de son

Cc

courage, quoy que vous ne voyez icy à plein que
sa crouppe. Le Peintre, comme Polignotus jadis
en la portique Pœcile d'Athenes ne representa
du cheual de Troye que la teste, donnant par là
assez à cōprendre le surplus du corps, n'a icy formé que la large crouppe de ce coursier, vous laissant plus à penser qu'il n'a voulu exprimer par le
pinceau, car vous ne sçauez s'il s'auance, ou s'il
recule ayant honte de se voir la teste enueloppée
dans la toile, ou si, comme l'oiseau Merops, il
veut prendre le vol par la queuë & se laisser deuant soy, comme les ombrages qui luy donnent le
prōiet, le font paroistre, & cependant vous cognoissez bië, sans sçauoir cōment, qu'il fuit de vostre veuë & enfonce la toile, au contraire des autres peintures qui se iettēt en dehors: c'est vn trait
d'esprit, plustost que du pinceau, qui a donné vne
ame à tous ces corps, & fait voir tant de merueilles, quoy qu'il soit inuisible, c'est comme vn rien &
vn zero, qui meslé dans ces nombres (si tout est
composé de nombres selon l'opinion de ce vieux
Philosophe) les pousse dedās vne infinité d'actions
& de representations diuerses. Ou bien, peut estre
que c'est la Musique qui comme Princesse de nos
sentimens, trompe icy nostre veuë; elle fait, quant
à cela

au Palais de la Gloire.

à cela, chaque iour quelque prodige, dit Athenée, elle donne pointe à nos esprits, esueille & allume nos courages & rauit l'ame à l'ame pour l'animer côme elle veut, & de ce qu'elle veut. Elle a roidy le bras & mis ce cimeterre flamboyant au poing de cet Heros, qui comme vn Alexandre transporté du son des fleustes de Timothée s'esmeut aux souspirs du cœur de ceste Deesse, que sa bouche respire si tristement, & gros du desir de punir la cruauté & la perfidie de ces temeraires monte à cheual tout ardent de cholere, & en mesme temps il voit ce monstre atterré soubs ses pieds, qui vomit feu & flammes & escume sa rage par la bouche, refusant de gouster les fruicts de sa clemence. Poursuiuez mon Prince, le Ciel vous a choisi pour coronner vos ieunes ans d'vne si saincte & si glorieuse Victoire, poursuiuez, il faut que la force ouure le passage à la paix & à la tranquillité de vostre France, ne redoutez point leurs menaces, ny leur fureur, tous les dangers s'esuanoüiront deuant vostre courage, leurs murailles & leurs boulewards fondront à l'ardeur de vostre Pieté, comme celles iadis d'Aualon au chant des hymnes du tres-pieux Roy Robert, s'escroulerent & allerent par terre. Vostre Noblesse fait profession

Cç 2

de n'auoir l'espee que pour la defence de l'Eglise & de vostre Coronne, elle acheptera au prix de tout son sang l'honneur de combattre pour vostre querelle, hastez vous seulement de faire triōpher par vos armes celuy, qui vous fera vaincre au milieu des batailles, & vous verrez que tout l'vniuers vous coronnera de gloire & de loüanges & conseruera vostre nom dedans vne eternelle memoire, comme du Roy le plus Iuste, le plus sage, le plus pieux, le plus grand, & le plus glorieux que la France aye iamais proposé pour adorer au monde.

La Noblesse Françoise a tousiours esté remarquable en pieté, iadis apres estre sortie de page, à l'exemple du sacre du Roy, elle receuoit lespee beniste des mains du Curé, qui l'en ceignoit, comme il luy disoit selon la formule ordinaire, pour la defense de l'honneur de Dieu, de l'Eglise, du Royaume & des pauures & orphelins. Ils pouuoient bien par apres appeller leurs espees Françoises, comme remarque Aimonius, il n'y auoit rien de si genereux ny de si libre, puis que leurs lames ne tranchoient q̃ pour la Gloire de Dieu & de leur Prince, & ils

meri

au Palais de la gloire.

meritoient qu'on attachaft à leurs pōmeaux des clochettes d'argent, comme fait la Nobleffe du Malabar, pour faire refonner & renommer chaque coup qu'ils en dōnoient, comme autant d'actes fignalez de pieté & de vaillance. Et on peut dire en general que les armes de nos Rois n'ont iamais tāt fleury, q̄ quand ils les ont pris, ou pour la defence de l'Eglife, ou pour maintenir les droicts de leur Coronne, comme nous auons veu clairement en celles de Louys le Iufte, qui ayant confacré fon efpee à la Pieté & à la Iuftice, pouuoit dire comme Attila, qu'il auoit l'efpee de Mars auec laquelle il eftoit affeure de n'entrer iamais en bataille, qu'il n'en fortit victorieux. Auffi eftoit-il icy depeint au fecond tableau d'en bas comme le Mars de la France, affis fur vn char triomphant, tout compofé induftrieufement de diuers trophées d'armes, & tiré de quatre grands courfiers qui galoppoient d'vne eftrange roideur,& fembloient pluftoft voler que courir fur la terre, pour marque de la foudaineté de fes victoires. Sur l'vn des cheuaux la Terreur eftoit montée auec vne

Cç 3

face de Lion, tenant en main vn brandon allumé, qui femoit par tout l'efpouuante. Ce Mars tenoit vn foudre allumé dans fa main, auec côtenance de le vouloir darder fur la tefte de quiconque luy feroit refiftance; fur fon habillement de tefte il portoit pour pennache vn long comete cheuelu d'vne flamme fanguine, qui menaçoit de faire ardre les Villes, d'embrafer les Citez, & les enfeuelir foubs leurs cendres, de faire couler des riuieres de fang, & iõcher les cãpagnes des cadaures de fes ennemis. *Heu, nunquam terris spectatum impune cometem!* Il falloit bien auffi vn deluge & vn baptefme de fang pour purger la France de tãt de crimes dont elle eftoit pollue. Les efclairs & les tourbillons luy feruoient de gardes du corps, comme Lucian dit en faueur de Demofthene. Mais s'il paroiffoit terrible & reformidable aux rebelles, d'autant plus beau & plus fuaue fe faifoit-il voir aux yeux de fes fideles fujets. Le plus beau & le plus aggreable fpectacle que l'on puiffe auoir c'eft de voir vn Monarque puiffant & redoutable armé pour la defenfe de fon peuple. Il
sembloit

sembloit aux bons, qu'il estoit monté sur ce char de Triptolemus, ou celuy de Luerius Roytelet d'Auuergne du téps des vieux Gaulois, comme remarque Athenee, qui faisoit croistre les roses & les lis par tout où il passoit, au dire d'vn Poëte de ce vieux temps, & semoit les benefices à plein sac, comme les plus beaux trophees, dit Xenophon, qu'vn Prince puisse dresser à sa vertu. La Pieté, la Iustice, la Prudence, & la Force estoient à l'entour de son char pour son conseil de guerre & d'estat. Passons aux autres emblemes pour les expliquer en peu de mots.

Le premier tableau du second estage representoit le Roy en forme d'vn Hercule qui par ses hauts faits a changé en histoires les fables de cet Heros; il côbattoit contre la Garonne, comme l'autre iadis contre le fleuue Acheloë, & des-ja luy auoit arraché vne corne, sur laquelle quelques Genies & Nymphes de ce lieu luy auoient arboré vn beau trophee d'armes meslé auec diuers fruicts qui en pendoient, pour en faire vne nouuelle corne d'abôdance. Le pauure ayác

receu

receu ceste escorne, se voyant despoüillé de ses forces auec la perte de son sang presentoit la palme à son vainqueur, & rendoit à sa mercy vn grand nombre de Nymphes couronnées de tours & de murailles, qui donnoient à cognoistre que c'estoient autãt de Villes rebelles, qui imploroient la Cleméce de celuy, qu'elles voyoiét auoir forcé les villes les mieux fortifiées de la Guienne par où coule ce fleuue, l'inscription estoit soubs la peinture en lettre d'or dans vne belle ouale,

CÆTERA BELLANTVM DEXTRIS
PVLCHROQVE LABORI.
LVDOVICO VRBES ET ORBEM.

Au second vn escadron rompu tournoit le dos & prenoit la fuite qui deçà qui delà, deuant vne Renommée qui enfantoit de son trõpette la frayeur à teste de cerf, & le foüet à la main, laquelle menoit battant tous ces fugitifs deuant soy ; la peinture quoy que assez claire estoit encor expliquée en ces paroles au dessoubs.

----TVA TERRET ET INSTAT.
FAMA

FAMA INGENS; MAGNVM NOMEN
VIRTVTIBVS IMPLES.

Au troisiefme, du milieu d'vn grand carnage vne Victoire aiſlée portant vne faux ſanglante entre les mains, trainoit apres ſoy vn grand nombre de captifs; ces vers eſtoient pour epigraphe.

MARS CAPITA ALTA METIT; CLEMENS
VICTORIA VINCTOS
SEGETEM PERENNIS GLORIÆ RA-
PTAT.

Au quatrieſme vn petit Cupidon enchaiſné comme captif eſtoit attaché au pied d'vne Palme, qu'il picquoit d'vn dar amoureux, qui luy reſtoit ſeul entre les mains de toutes ſes armes ordinaires, pour enflammer ceſte arbre d'amour à honorer la gloire de ſon vainqueur, car l'Amour eſt tousjours Amour, & quoy que vaincu iamais il ne ſe change en haine ny en enuie; L'arbre ſembloit des-ja l'auoir bien appris, & teſmoignoit ſon reſſentiment enclinant ſes branches, & les ployant en coronnes ſur la teſte d'vne belle Victoire aiſlée qui triomphoit là de ſon captif, à guiſe d'vn Anteros,& tenoit en main le flãbeau & l'arc qu'elle luy auoit arraché, auec sa trousse penduë en escharpe, preste de captiuer auec ses nouuelles armes tous les cœurs à celuy duquel elle estoit Victoire : Elle auoit en teste vne coróne d'or, dont les rayós estoient des cornes de cerf, cóme la Nemesis de Phidias que Pausanias descrit en ses Attiques, pour marquer qu'en ceste guerre la Victoire ne s'acquiert qu'auec crainte & deffiance, la fuite y est vn signe de courage. L'ame de cet Embleme estoit en ce vers qui anima iadis & honora les cendres de Scipió l'Africain esleuant le trophée de sa temperance par dessus tous ses autres trophées.

MAXIMA CVNCTARVM VICTORIA
  VICTORIA VOLVPTAS
HIC PRIMVS VIRTVTIS HONOS.

Les palmes suiuét volontiers ceux, qui sçauent emousser les traits de la volupté & se monstrent inflexibles à ses charmes. Scanderberg disoit q̃ la force de son bras à foudroyer ses ennemis venoit de ce que iamais ils n'auoient touché femme ; & Cæsar faisoit plus d'estat de la continence en ses soldats

dats que de la magnanimité & de la vaillāce. Les plus forts font toufiours les plus chaftes, les hiftoires en font pleines d'exēples, mais on ne les recherche plus, le mōde auiourd'huy admire & ne peut affez loüer ceux que ce grand Louys luy fournit tous les iours en cefte matiere.

Puis que les Victoires de ce grand Roy, comme nous auons dit font l'amour de tout le monde, nous en auions icy releué quelques-vnes en bofle, en forme de ieunes petits garçons bien enioüez & encherubinez & les aifles au vent, tels que Lucian defcrit ces petites loüanges qui voletent à l'entour du throne de la Rhetorique ; Ils feront bien toft proches paréts, fi nous croyons à Theodontius, qui dit que les loüanges font filles de la Victoire, & d'eftre filles ou fils c'eft tout vn; les Dieux, cōme dit Synefius aprés Philon ne font ny mafles ny femelles. Ces petits doncques ainfi releuez en bronze eftoient affis fur le rejet des corniches, droit à plōb des pilaftres & confoles portants en main des palmes & vne targue chacun brōzée en la cartoche, qui eftoient au dedans

Dd 2

remplies de ces deuises & inscriptions.

Pour la Pieté vn Hercule cōbattant cōtre Antee le sousleuoit hors de terre & estouffoit ainsi cet infame voleur, qui prenoit toute sa force de la terre ; mais cet Heros tenoit la sienne du Ciel, comme portoit la lettre,

LA MIA DEL CIELO.

Les Rebelles mettoient toute leur confiance en leurs Villes d'ostage & d'asseurance, bien munies & fortifiées de nouueau ; mais rien ne peut tenir contre ce genereux Monarque que le Ciel a armé, il leur a bien tost fait perdre terre & osté le moyen de plus commettre de leurs insolences accoustumées.

De l'encens mis dans vn brasier bien allumé s'euaporoit en vne söefue odeur, c'et hemistiche de Symposius luy seruoit d'ame,

DVLCIS ODOR CVM FLAMMA FATIGAT.

Ce bō Prince parmy les ardeurs de la guerre a tousiours exhalé la douce odeur de sa pieté, elle animoit ses soldats au combat, qui se promettoient vne asseurée assistance du Ciel en faueur de la deuote innocēce de

leur

leur Roy pour qui ils combattoient. Les autres portoient ces inscriptions sans corps de peinture,

MIRENTVR OVANTEM, QVEM SPREVERE PIVM.

Et celle-cy à l'opposite.

QVANTÆ PENSABVNT FACTA CORONÆ?

Les autres deuises pour la force & vaillance du Roy estoient, vne pierre d'aimant qui attiroit à soy le fer des espees, poignards, parthisanes, picques & mosquets & de toute sorte d'armes, auec ces mots au dessoubs.

VIVIMVS ILLO.

Ceux qui ont veu ce vaillãt Monarque dixhuict heures pour vn iour à cheual les armes sur le dos en la tendresse de son aage, sommeiller dans ses armes & puis à la minuict le premier à cheual pour chercher la victoire au milieu des dangers, diront que ceste deuise n'estoit pas hors de propos pour mõstrer sa valeur aux armes, & sa patience au trauail de la guerre, la marque du meilleur aimant est d'attirer mesmes l'autre aimant, dit Pline, aussi n'ya-t'il que ceux qui sont les

Dd 3

plus robustes pour supporter le faix de la guerre, qui osent s'approcher de S.M. pour ne sembler lasches & effeminez en sa presence. Mais faisons vn essai à ce propos de vostre patience & tirons vn coup de plume icy en faueur des Parpaillots sur le sujet de l'autre deuise.

LA CHASSE AVX PAPILLONS.

IE voy biē que c'est, vous entrez des-ja en chaude chole de ce qu'on vous a presenté auec si peu de respect vn tableau tout couuert de poussiere, où les araignées se sont des-ja nichées si au large, qu'elles desrobēt la veüe de toute la peinture. Que ie suis aise de vous voir surpris auec tout vostre bel esprit: C'est vn tableau de Parrhasius, & si vous attendez qu'on tire le rideau pour vous faire voir ce qu'il cache, le peintre rira de vostre bestise, & vous dira que vous l'auez tout veu, mais que vostre esprit ne s'accordoit pas biē auec vostre veüe. O si quelque belle humeur vous pouuoit disposer à prendre patience pour considerer à l'aise ce spectacle! vous aduoüeriez auec Pline, q̄

les

au Palais de la gloire.

les Amphitheatres n'en ont iamais exhibé de plus aggreables, & incontinent vous eſpouſeriez la querelle, que ie forme à Ouide, de ce que peu reſpectueux à la Nobleſſe, pour le vouloir trop eſtre, il a degradé & declaré roturier ce petit animal, qui a l'ame & l'humeur nõ ſeulement noble, mais totalement royale. C'eſt l'araignée, de qui ie parle, qui habitoit, iadis comme dit Lucian, dans les palais des Princes & des grands Seigneurs, iuſques à ce que la goutte l'en a depoſſedé, & le meſcontentement qu'elle y auoit de voir rõpre ſes toiles, qui luy eſtoient cõme autant de toiles de Penelope, dont elle ne pouuoit iamais voir la fin. Cela la rendu, comme ie croy, ainſi ſauuage, & luy a fait aimer la ſolitude & le ſilence, mais non pas l'oiſiueté car elle eſt touſiours dans l'exercice de la Nobleſſe à chaſſer ou trauailler? ie ne ſçay q̃ vous en dire, veu que elle fait l'vn & l'autre ſi accortement q̃ lon ne peut iuger ſi elle trauaille en chaſſant, ou ſi elle chaſſe en trauaillant. Alexandre pour diuertir la douleur, qu'il auoit de la mort d'Epheſtion s'en alla à la chaſſe des Coſſeiens, & Cyrus menant ſon armée contre le Roy d'Armenie diſoit à ces gens que ce n'eſtoit qu'vne de leurs chaſſes ordinaires ; Et ce grand Roy des fleurs de lis

lis Louys le Iuste a faict voir en nos iours ce beau spectacle en faisant la guerre à ses rebelles, qu'on ne sçauoit si c'estoit plustost vne guerre qu'vne chasse, ou s'il chassoit plus à ces esprits reuoltez, qu'aux bestes faulues ou à l'oiseau, tant estoit facile à sa valeur la victoire sur ces peuples rebelles. Ne pensez pas pourtant que ce soit chose contre tout iugement de comparer les hauts faicts d'armes de ce grand Prince, à la chasse d'vn araigne. Homere n'a pas trouué messeant de mesler l'importunité d'vne mouche parmy les guerres des Dieux, & comparer la cholere & le courage de Menelaus à la caprice d'vn si petit animal: Et Edoüard II. Roy d'Angleterre auoit bien pour deuise vne araigne ourdissant sa toile contre vn vent impetueux, qui la molestoit. C'est vn animal dont le cœur est tout noble, & qui a quelque ressentiment de gloire, arborant ses trophées, comme vous voyez, & estoffant la porte de son Louure qu'elle a ouurée de ses mains, de la hure d'vn sanglier qu'elle a enferré elle mesme en ses toiles, du massacre d'vn cerf tel qu'elle a coustume de courir, de la patte d'vn ours, ou des ergots & des serres d'vn oyseau de proye, qui aura donné dedãs ses pans de rets, & tout cela pour donner des marques

au Palais de la Gloire. 217

ques de sa noblesse & de son courage. Sa sale de parade est toute tapissée d'vne estoffe de la plus fine soye qu'elle a tiré de la fondigue de ses entrailles, car elle ne veut rien emprunter d'ailleurs & afin que cela ressente sa Noblesse, elle la recamé & enrichy d'vne noble broderie de moustaches qu'elle a couppé aux plus braues guerriers, qui ayent osé porter leurs armes contre elle. Mais regardez, de grace, ce qu'elle fait icy. C'est vn ouurage de rezueil, ou vn sazet tamis pour y tamiser les atomes de Democrite, car il est fait à iour d'vn air le plus subtil, qu'elle a tissu d'elle mesme, ou du vent qu'elle a colé ensemble auec certain empoix fort gluant & imperceptible, qui le tient ferme quoy qu'il remue tousiours, ou biẽ c'est quelque architecture à claires voyes, ou vne nüe faicte a point couppé d'vn rien empesé, qu'elle a deuuidé en petits filets, & puis mené diuersement sur le mestier auec vn artifice admirable. Et neantmoins ce n'est rien de tout cela, ains seulemẽt quelques filãdres, & pãs de rets tissus d'vn filet d'ombre, ou d'vn ombre de filet, quelle a mené en cerne par compas, noüant sa trame, & accrochant les mailles d'vn nœud indissoluble, auec vn aggreement bien assis par distances tousiours esga-

E e

les, & le tout glacé aprés de ie ne sçay quel empoix, qui le rend ainsi ferme & inuisible. Vous estimez que ce sont des pieges, quelle cache pour attraper quelques moucherons voltigeans à l'entour, & la rusée qu'elle est, toute fourrée de finesses, elle guette ce papillon importun qui luy a faussé des-ja par plusieurs fois ses toiles, & mesprise tous ses arrests, la menaçant en outre de la faire bien tost desloger de la campagne, où elle le tient assiegé. Au Bresil, pour vous dire tout, les frelons prennent les araignes & s'en paissent, mais en ce païs apres leur auoir fait long temps la guerre à leurs despens, ils ont sonné la retraitte pour se donner le loisir de prendre nouuelles forces & deuenir plus grosses bestes capables d'espouuanter leur ennemi de leur seule veuë, & se ioüer impunement de toute sa puissance, côme ils ont fait maintenant qu'ils se sont presentez au combat soubs le nom & la figure de papillons. Et tout cela n'est qu'vne vermine de terre, formée d'vn peu de boüe & de la corruption de l'air, qui a pris auec le temps des aisles, & a commencé d'vn ver rampant à faire de l'oiseau de paradis, & vouloir reformer & donner nouuelle couleur à toutes choses, par le moyen d'vne bourre ou mousse de diuerses couleurs, qui
naist

naist sur son corps de la relanteur de son ventre vne vraye cloaque de pourriture, & s'imprime aisement sur tout ce à quoy il s'attache, qu'il colore de son ordure comme d'vn fin azur ou d'vn or precieux. C'et animal comme on dit, ne veut point recognoistre de Roy, & aime grandement la chair & le sang, mais il apprendra bien tost à mener vne autre vie apres qu'on luy aura roigné les aisles. Cependant l'Araignée est icy retirée à l'escart, qui semble ne faire rien moins que ce qu'elle fait, feignant d'estre attentiue à quelque autre chose, & de là elle vous bricolle sa proye dans le filé, qu'on peut bien comparer aux rets, que Vulcain fit de fil d'archal pour surprendre Mars & Venus par ensemble, puis que Homere les compare à vne toile d'Araignée, la voylà qu'elle a donné dedans, & celle-cy qui ramene à soy le filé & le raccueillit pour l'enuelopper & l'embroüiller d'autant plus que plus il s'agite & se tourmente pour en sortir. La Victoire qui vous presente sur sa targue tout cecy, corne prise elle mesme, rit d'aise de voir vne si plaisante guerre & chasse tout ensemble, & vous ramene au vray sens de la peinture par ces paroles escrites au dessoubs.

REGI EST PVGNARE ET VINCERE LVDVS.

Entre les autres deuifes on voyoit encor icy vn coq deuorãt des ferpéts auec ces mots.

SV VENENO ME DA FVERCAS.

Deux autres de ces ftatuës portoient ces infcriptions fur leurs pauois.

MONSTRAT TOLERARE LABORES NON IVBET.

Elle contient l'vne des belles loüanges que l'on aye donné aux plus grands Capitaines de l'antiquité Annibal, Cæfar & Alexãdre; cefte-cy marque la valeur admirable du Roy qui dans fi peu de temps a mis fin à vne fi groffe & fi dangereufe guerre.

QVOD SVPEREST RESTANT SPOLIA.

Parmy toutes ces beautez, le plus beau fpectacle que puiffent auoir les fujets, c'eft de voir leur Prince, & la plus douce Mufique c'eft d'ouïr fa voix, comme difoit Themiftius. Ce fut ce qui releua plus particulièrement la beauté de ce theatre, de ce que fa Majefté s'arreftant en cefte place pour le contempler donna loifir à la Nobleffe qui tenoit les feneftres, & au peuple qui eftoit en bas de voir ſes delices à plaiſir, & à ſix vingts Muſiciens, qui occupoyent tout cet eſchaffaut, ſoubs la conduitte de Mr. Intermet Chanoine de S. Agricol, l'vn des Orphées de noſtre temps, de faire ouuerture en ſon ame Royale,& la charmer par les oreilles d'vne loüable & rauiſsāte volupté. Quād Apollon entre les Dieux, ainſi que dit Pindare, ſe met à faire dire aux chordes eloquentes de ſon luth bien monté quelque nouuelle loüange de Iupiter, auſſi toſt Mars commence à ronfler & donner du menton ſur ſa poitrine, quoy qu'il ſoit tout debout appuyé ſur le bouton de ſa lance, les Dieux ſe noyent & ſe paſment dedans ce plaiſir, & l'aigle s'oubliant de ſoy meſme laiſſe cheoir le foudre de ſes ſerres : & icy aux doux enchantemés de ceſte harmonieuſe Muſique, on pouuoit bien arracher les foudres à l'aigle royal, qui eſtoit ſur la force, car de fait il n'auoit plus de ſentimēt, tous ces Heros qui accompagnoient S. M. auoient quitté leur fierté Martiale, & leur ame ayant abandonné les autres ſens s'eſtoit toute retirée ſur le bord des oreilles; le Roy meſme ayant colé sa veüe sur Mr. Intermet, qu'il desiroit sur tout d'oüir, esmeu de la reputation que son esprit qui se voit dãs ses pieces de Musique, luy a acquis par toute la France, & qu'il auoit demandé nommément à Mr. Thomas de Berton premier Consul, qui estoit allé le iour precedent à Beaucaire voir S. M. pour apprendre ses volontez touchant l'heure & la façon de son entrée, y demeura tellement englué, qu'il tesmoigna de parole, que si la nuict, qui s'approchoit ne l'eut arraché de là, il s'y fust arresté beaucoup dauantage, tant cet air dõnoit de l'air à son ame & sympathisoit à son humeur. Ce n'est pas assez de bien chanter, disoit-on à Ismenias, mais il faut chanter au gré des Dieux. Aussi estoit ce vn beau spectacle, de voir ce Musée en la presence de tant de grands Heros, au milieu de tant de chœurs diuers, & de plus de cent Musiciens ramener la Musique à vne rauissante melodie auec vn baston d'argent qu'il manioit comme la verge de Mercure, auec laquelle il tiroit l'ame à tant d'hõmes & d'enfants de chœur, qui ne chantoient que de cœur & rouloient leurs affections

en-

au Palais de la gloire. 223

enflammées au feruice de S.M. fur leur voix qui eftoit le char de leur ame, tantoft il l'enfonçoit, tantoft il la rappelloit du creux de leurs poictrines, ils montoient au mouuement de fa baguette, ils baiffoient, ils fendoient, ils perçoient, ils fe plomboient par fois comme vne fufée iufqu'à terre, puis rémontoient par bricolles, contours & vireuoltes en l'air, & frappoient d'vne douce atteinte les efprits efpris d'vne fi douce varieté de fons, de tons, de muances, d'iffuës inefperées, de tremblemens hardis, de faillies heureufes, qui faifoient en vn fi grand meflange vne fi melodieufe harmonie, ores ils refpiroient, ores ils expiroient enfemble & fembloient rédre l'ame, leurs poictrines s'eftreciffoient & s'eftendoient en cadence, ils obfcurciffoient leur voix, ils l'offufquoient, & tout à coup la rendoient claire, ils alloient à mez-air, ils s'enuoloiët au Ciel, ils fe raualoient, ils fe fuyoient, ils fe fuiuoient, ils fe pourfuiuoient, & furuoloient eux mefmes, bruyants, efclattans, murmurants de leurs grommelements, tonnerres & bourdons, piroüettants & tourne-virants

rants leurs voix en tant de façons, & la desguisants si dru & menu, qu'on s'estonnoit de voir qu'en si peu d'air que nous humons il y eut tant de merueilles encloses, ou que l'esprit d'vn homme le sçeut si biē decoupper, & luy donner tant de faces & d'airs si differents. Icy vn Maistre iouëur de violon vous hachoit quatre chordes soubs ses doigts en mille voix differantes & les faisoit discourir parfaitement, là vn autre faisoit haranguer grauement sa viole, ceux là canonnoient les oreilles auec leurs serpents suiuis d'vne grosse armée de voix humaines, qui venoient liurer vn assaut general du costé qu'ils auoient fait la bresche, quelques autres faisoient parler leurs doigts sur leurs cornets & s'estonnoient que leur ame s'enfuioit par tant de portes, qu'ils tasçhoiēt habilement de fermer de tous costez ; tout cela, en vn mot, sembloit vn effect de la Magie blanche ou de la noire, marquée en ces notes noires & blanches sur leur papier, où ils apprenoient à enchanter ainsi les esprits & donner droit au centre & au vif de l'ame par l'oreille ; & ceste baguette argentée

au Palais de la Gloire. 225

gētée entre les mains du Maiſtre du chœur, paroiſſoit comme vne verge de Circé qui faiſoit tous ces miracles. Mais c'eſtoit l'amour de V. M. SIRE, qui auoit inuenté ceſte Magie licite, & enfloit les poulmons à tous ces Muſiciens, leſquels faillirent ſeulement en ce qu'ils chantoient par meſure vos loüāges qui n'ont autre meſure ny borne que l'eternité de voſtre Gloire. Ce ſonnet ſeruit de lettre à leur Muſique.

Grand Roy, l'Aigle des Roys empenné de courage,
Qui trenchant les eſclairs & les foudres de Mars
As eſclos ta valeur au centre des hazars,
Et cueilly dans les lis le laurier qui t'ombrage.
LOVYS à qui la terre & le ciel fait hommage,
L'œil, & l'ame, & le cœur de tes braues ſoudars,
Le miroir des Heros, la terreur des Cæſars,
Qui pourroit de ton l. dreſſer la viue image?
Tu fais voir tout d'vn coup & la mort & l'horreur,
Mais ſi l'iniure cede au fort de ta fureur,
Pour auoir plus d'amour, tu as moins de victoire.
Les cheſnes ſont touſjours comoints à tes lauriers,
Pour iuger de ton cœur & tes actes guerriers,
C'eſt aſſez que tu es le mignon de la Gloire.

Platon auoit raiſon de dire que nos ames ne ſont faictes que d'harmonie, car il n'y a rien

Ff

qui les captiue si puissamment ny qui leur donne tant d'air, que fait vne douce & ardante Musique; leurs actions dans les corps tendent toutes à l'harmonie, & nos veines & arteres font vn concert perpetuel dedans nous, où le poux bat sans cesse la mesure. Vn Herophilus Medecin, au rapport de Pline, mit iadis en tablature tous les temps de ceste Musique muette & naturelle. Mais principalement vne ame bien tenduë dedans vn beau concert de voix & d'instruments, mõstre au rauissement que l'aise luy apporte, la grãde sympathie qui est entre eux ; comme lon dit de deux chordes d'vn luth accordées en mesme ton, que l'vne retentit alors qu'on touche l'autre. L'experience le fit voir icy, car outre que toute la Cour y demeura long temps attachée par le plaisir qu'elle y receuoit, quand il fut temps de partir, tout le peuple fit retétir si haut son Viue le Roy, qu'on ne sçauoit si c'estoit vn nouueau tourbillon de Musique, ou vn renfort de voix qui vint concerter auec les premieres, pour la gloire & les loüanges de S.M.

LE

LE PALAIS DE
LA GLOIRE.

Obleſſe, le plus pur & le plus genereux ſang de la France, le bouclier & l'eſpée de nos Roys, c'eſt icy le Palais de la Gloire, arreſtez vos pas & mettez vn frain à l'ardeur de voſtre courage, ce lieu, où vous entrez helas! eſt trop fatal à la valeur, il diſtille encore le beau ſang des plus nobles familles & de la Ieuneſſe la mieux animée de ce Royaume: retirez-vous, puis que le Ciel vous a fait naiſtre françois, fuyez meſme l'ombre de ceſte Deeſſe, qui eſt ſi dangereuſe & doit eſtre ſuſpecte à la generoſité de vos eſprits. Ils prennent feu de loing comme la Naphthe, ou lor bien afiné, & ſi vne fois voſtre cœur a allumé en ſoy le deſir de ſes beautez qui paſſent comme vn eſclair, mais bruſlent comme des foudres, combien

Ff 2

de fois, sanguinaire qu'elle est, se repaistra-elle de vos supplices, & vous attirant auec grand appareil, comme vne victime coronnée de guirlandes d'honneur, vous fera immoler sur ses autels à vos propres desirs, qui seront les Ministres de cet atroce sacrifice?

Mais puis que vous estes François, & q̃ la Vertu vous a adopté au nombre des enfans de Mars, il ne vous est pas permis d'estouffer voftre vaillance dedans le mespris, & desaduoüer la grandeur de voftre courage, il vous oblige à prendre pluftoft congé de vous que de cefte Deeffe des Heros & des grands cœurs, qui vous a ceint elle mesme de cefte espée, pour vous en ouurir vn beau chemin à l'immortalité & vous pouuoir approcher des Dieux par deffus les hõmes de la terre, vous n'auez plus grãd ennemy que voftre generosité trop grãde, laquelle tousiours est complice de vos aduersitez.

Non moderés par la prudéce les boüillons & les eflans de voftre cœur, haftez vos pas, fuyez de cefte terre de Cyclopes, inhumaine à ses hoftes & qui deuore tous ceux qu'elle reçoit ; vne mort auancée eft la recompenfe compenſe que l'on a d'auoir abordé & adoré ceſte Diuinité, qui n'eſt à tout dire, qu'vne fleur de langue, comme l'appelle Pindare, qui ſe fleſtrit en vn moment, & ne ſe peut recueillir que dans les eſpines de mille difficultez, ce ne ſont q̃ des mõſtres afreux que ceſte Deeſſe vous obiecte à chaque pas pour les combattre, ce ne ſont que morts & que carnages, qu'exhale l'ouuerture de ſon palais; les peſtes, & les malheurs ne ſortent que de là, qui ont depeuplé les Prouinces, changé les Villes en deſerts, les maiſons en maſures, les foſſez en ſepulchres, les champs en boucheries, les arbres en gibets, les riuieres en ſang, & la vie en la mort. Voulez-vous eſtre prodigues de ce ſang genereux, qui eſt l'eſprit vital de la France, & en empourprer la beauté de ſes lis?

Il eſt vray, ie vous le veux aduoüer franchement, quiconque pourchaſſe les faueurs de ceſte Deeſſe, ſe voit auſſi toſt la butte des aduerſitez, & donné en proye à mille perils armez qui le pourſuiuront iour & nuict à outrãce, Mais c'eſt par ce qu'il y a des dangers, que vous debuez porter plus auant voftre courage, iamais les malheurs ny la mort n'eftonnent vn grand cœur, qui n'eft amateur que de la vraye Gloire. Il vous y faudra efpancher de ce beau fang, qui eft le fouftien & l'efprit de la France ? Et la playe par où vous le ferez efcouler, fera la fource de fon falut, & vous ferez par apres de ces beaux lis, qui côferuent en la gloire de leur pourpre, les noms des Roys, qu'ils ont graué d'vne pointe d'acier dedans leurs veines. Voftre corps fe fentira entamé de tous coftez de diuerfes bleffures ? Ouy, mais les plus grandes cicatrices font la plus grande ouuerture de voftre bon-heur & de l'honneur que vous fouhaittés. Voftre ame, par auanture, & voftre vie s'efcouleront à la fin par ces portes auecque voftre fang ? Et ce fera lors que, fi vous mourez courageufement, vous verrez la Gloire pofthumé de vos Vertus, qui les fera reuiure dans le laict & les lis de l'eternité, & vous faira trouuer les lis dedans les efpines, les delices dedans les angoffes, le calme en la tourmente, la paix en la guerre, les douceurs dedans les aigreurs & la vie en la mort. Ceux qui meurent

dans

dãs les armes, en quelque genereux & loüable rencontre sont glorieux au iugemēt des hommes & des Dieux, comme Clement Alexandrin rapporte d'Heraclite, & au iugement de Platon, ils sont dignes d'estre inserez au nombre de ces hommes d'or, & au rang des demi-Dieux, leur ame sort toute boüillante & vigoureuse de leurs corps, sans estre flestrie ny eslangourie de quelque maladie lente, ils voyent la mort d'vn visage asseuré, & en vne heure ils noyēt dedãs leur sang ce qu'ils auoient de mortel & de terrestre, & vont commencer à viure dedans ce palais de la Gloire pour vn aussi long tēps, que les siecles mesurans l'aage du monde rouleront les cercles des années.

Ce Palais est basty tout en l'air soustenu au lieu des colomnes, sur les grands Colosses, que la Déesse a fait dresser à la memoire de ses Heros, mais ils sont tous comme ceste Minerue Musicienne de Demetrius, dont les serpents de Meduse, en son pauois retentissoient au son des instrumēs que lon touchoit auprés, ils y parlent l'vn à l'autre, & sont tous appris de respōdre à la voix de la Renommée, cependant que la Gloire les emparle de la pointe de ſes rayons, comme le Soleil entamoit iadis la bouche à la ſtatuë de Memnõ & luy mettoit la voix en la poictrine. Au dedans du Palais les marbres y ſont ſi bien polis & tellement diſpoſez que ils repreſentent parfaictement tout ce qui leur eſt obiecté, & pour vne image ils en repreſentent pluſieurs, ſe la renuoyants par reflexion l'vn à l'autre, & multipliants vn ſeul objet en vn petit monde d'images ſans corps. Les poutres, ſoliues & tout le bois des lambris, ſont de celuy de Dodone, comme le nauire d'Argo, il y rend de ſoy meſme perpetuellement des Oracles. Ses murailles & ſes tours ont vne telle compoſition, que comme celle de Conſtantinople, ou de la galerie heptaphone d'Olympe, vne voix y eſt renduë non pas ſept fois mais cent fois, l'Echo rend conte de toutes les paroles de la Renommée, luy renuoyant ſes loüanges toutes entieres ſans les mutiler d'vne ſyllabe. Sur les pointes des tours vn grand globe de bronze tymbré d'vn chappeau à l'imperiale & enuironné de pluſieurs

plusieurs cymbales rondes crenelées depuis le milieu en bas à petites fentes côme dents de peigne, rend inceffammét vn quarrillon admirable, lors que le vent les esbranle & les fait entreheurter, comme au temple de Iupiter Dodonean & fur le fepulchre de Porfenna en la Tofcane, qui fut côté entre les miracles du monde.

En ce Palais les delices les ieux & les plaifirs font attachez auec des chaifnes de rofes & de fleurs qui y font couler les fiecles comme les annees. On y voit dedans vne grãde clarté la Nobleffe, la Puiffance, l'Authorité, l'Excellence, la Majefté, la Loüange, l'Honneur & tout vn monde de Diuinitez auecque l'Eternité & l'Immortalité au milieu defquelles la Gloire femble Vierge en fon vifage & Matrone en fa majeftueufe grauité d'vn port audacieux & doucement fier, d'vn regard vif & modefte; fes bras font forts, fes efpaules puiffantes, le vétre eftroit & la bouche petite, au contraire de la Superbe & de la fauffe Gloire, qui ont fort grande bouche, & le front contemptiblement eftroit. Sur l'entrée Hebé fille de la

la Gloire, la plus ieune & la plus ancienne de tous les autres Dieux, est accompaignée de la Hardiesse, la Sollicitude, le Labeur, la Vaillance, la Ioye, & la Constance pour accueillir les Heros, que la Fortune & la Vertu conduisent de nouueau vers la Deesse sa Mere. Mais rien ne parut icy de tout cela: la Gloire auec toute sa Cour en estoit desja sortie pour accueillir à l'entrée & accompagner de là en auant tousiours ce grand Roy des fleurs de lis qui l'auoit captiué à son amour par tant d'actes Heroiques de ses sureminentes Vertus, & par ses nobles & admirables Victoires. Les demi-Dieux estoient tous par l'air attentifs à contempler des yeux, ce qu'ils auoient oüi des grandeurs & merueilles de leur Prince, ils l'accompagnoient inuisiblement d'esprit & d'affection s'ils ne paroissoient dedans leurs images & statuës les animant extraordinairement de leur presence, comme Hector faisoit iadis la sienne, à Ilion, car tantost il la rēdoit fiere & terrible, & aussi tost il luy donnoit vne ioyeuse gayeté & la vigueur d'vn aage fleurissant, par fois ils luy
faisoit

faisoit monter la chaleur au visage, & ie ne sçay quelle ardeur de cōbattre, qui paroissoit en sa sueur, qui luy distilloit à grosses gouttes, car soit que la ioye & l'amour qui se logēt aux yeux fissent voir auec vne particuliere gayeté & bonne grace les images des hommes illustres, qui estoient exposées sur la tapisserie des ruës, soit que l'artifice des Peintres & des Sculpteurs y eut caché quelque feu occulte, qui estincelast pour lors, elles paroissoient d'vne viuacité & beauté toute extraordinaire ; Mais particulierement la statuë de bronze de Henry le grand que nous auiōs icy erigé sur vn grand piedestal, au paruis du Palais de la Gloire, car comme les statuës ont diuerses veües, celle cy de quel costé qu'on la sceut choisir, sembloit vouloir tousiours paroistre plus maiestueuse & plus guerriere, cōme si le bronze eust empraint en soy le zele & la passiō de sa gloire, qui çroissoit de celle de son fils, & eut appris à se rendre obeïssant au vouloir de ceste tant hardie image, qui vouloit au moins faire mine de parler à ses vieux seruiteurs qui la saluoient, & se resioüir de se voir encore adorable en sa postérité, l'inscription au dessoubs, sur la premiere face du piedestal estoit en ces termes.

HENRIC. MAGN.
VIVIT TOTVM QVÆ GLORIA COM-
PLEAT ORBEM:
HÆC ILLI MENSVRA VIRO RESPON-
DET.

Il s'est fait place auec son espee plus auant dans la gloire, que le reste des Heros, & par ses heroiques vertus il s'est donné tel rang parmy les Dieux, qu'il se voit adoré dans le mesme palais, que la Gloire, ne recognoissant autres bornes de sa reputation que l'Eternité & l'Vniuers.

L'ouuerture de l'arc soubs lequel estoit ceste statuë, auoit de iour 38. pieds en haut & 24. en large, deux cornices qui luy seruoient d'imposte, portées sur 4. grosses colomnes de Iaspe aux bases & chapiteaux bronzez d'ordre Corinthien, soustenoient sur leur plan auec quatre grandes consoles l'architraue, la frize, la coronne & la cornice qui regnoient au dessus de la voute & fermoiēt tout le quarré d'en bas, entre lequel & le coronnement

ronnemẽt vn grand marbre gentil bien ouuragé & orné à l'entour de fueillages arabesques & de quelques enrichiffemẽs, eftoit difposé fur le champ pour receuoir cefte infcription.

---AGNOSCIS-NE TVOS LODOICE PE-
NATES?
HÆC SVNT, QVÆ PRIMIS OLIM
   MIRATVS IN ANNIS
PATRE PIO MONSTRANTE PETIS.
   NIL MAXIMVS ILLE
DIVORVM TOTO MERVIT FELICIVS
   ÆVO.

Dans le tympan du corõnement, qui eftoit vn peu berlong & de forme comme ouale, il faifoit beau voir vne Renommée affife fur vn trophee d'armes, d'vne grandeur extraordinaire, les veines enflées cõme pour fe remplir de vent, & attirant fon haleine hors de la poictrine auec violence pour en faire refonner deux trõpettes, qu'elle auoit embouché des hauts faits & admirables victoires de Louys le Iufte, l'image monftroit fe vouloir parforcer en ceft effay pour animer les ftatuës & les marbres de ce grand palais, leur ouurir mille bouches, & les faire retétir des loüanges d'vn si glorieux Monarque. Deux petites Loüanges voletoient par là à l'entour d'elle, branslāt d'vne main leurs encensoirs, qui remplissoient l'air de la tres-soüefue odeur des Vertus de ce grād Roy, & de l'autre tenōiét deux trompettes lesquelles ils entonnoient, pour respondre à l'air de la Renōmee, ce vers estoit au dessoubs dans vne plattebande.

-----ALTVM FAMA TENET, SVMMAQVE DOMVM SIBI LEGIT IN ARCE.

Toute ceste architecture, qui seruoit de façade au paruis du palais de la Gloire, arriuoit à 72. pieds de haut, si la violence des vents n'eut fait perdre courage à plusieurs de pouuoir iamais monter ceste piece en sa perfection, si lon n'en retranchoit au moins l'inscription;& si le temps n'eust encore cō-spiré contre nous à cela, coulant insensiblement cependant que nous trauaillions & iour & nuict à dresser & estayer des eschaffauts les vns dessus les autres pour vaincre ces apprehensions & toutes les difficultez d'arrester contre les iniures de lair au milieu
de

son domaine vne si haute & si superbe machine. Ce bon Saturne comme le plus prudent entre les Dieux, s'opposant à nos desseins, nous vouloit, peut-estre, apprendre, ce que dit en vn vers Iuuenal.
Gloria quantalibet quid erit, si gloria tantum est.

Ce n'est qu'vn rayon de lumiere, qui donne iour à la beauté des couleurs, c'est vn blanc, ou vn pourpre glacé, qui addoucit & donne les derniers esclats au tableau de la vertu ; c'est vne table d'esmeraude qui rend auec quelque vsure de bonne grace, l'image des hauts faicts de quelque grand Heros ; il suffit pour cognoistre sa grādeur, d'auoir veu les incomparables Vertus de ce grand Monarque de la France, elle prend tout son accroissement de la grandeur de ses exploicts ; & toute l'excellence qu'elle a entre les Diuinitez, ne naist sinon de ce que elle ne vient iamais à aucun qu'auec vne grande cour qu'elle a, & auec sa suite des plus excellentes & heroïques Vertus que le Ciel loge sur ses voutes azurées.

Dedans l'espaisseur de ce grand portal du

du Palais de la Gloire, droit à plomb sur la teste de la statuë d'Henry le grand, vne grande ouale, qui luy seruoit de daiz, portoit les armes de France de trois fleurs de lis d'or dans le champ azuré du triangle ou Deltoton, qui est le signe & l'enseigne de ce palais de la Royne des Dieux. Les anciés Astrologues & Poëtes, disoient qu'il signifioit Δῶμα Διός, le Palais de la Gloire de Iupiter. Les autres discouroient plus au large dedans ce triangle, qu'il auoit de grands rapports à la supreme Diuinité; & Cleombrotus, chez Plutarque, rapporte d'vn Deuin & Prophete, qu'il y auoit 183. mondes disposez en triangle, & la plaine du dedans estoit le fondement & l'autel commun de tous, qui s'appelloit le Champ de Verité, dans laquelle sont les moules & les idées de toutes choses & l'eternité à l'entour qui enferroit tout; le temps qui en sortoit comme vn ruisseau couloit dedans ces modes. Mais ces trois claires estoilles q̃ nous voyons icy la nuict en forme de triangle, ne sont autre que trois beaux lis de la premiere grandeur qui seruent de blason à la Gloire, comme

aux

au Palais de la Gloire.

aux Roys de France ſes fauorys. Vn rouleau volant a l'entour portoit cet Oracle en forme de deuiſe.

NEC SALOMON IN OMNI GLORIA SVA.

Sur la platte bande qui encernoit la grande ouale on liſoit ce vers.

GALLICA SE QVANTIS ATTOLLIT GLORIA REBVS.

Deux pouppelots releuez en bronze, aſſis ſur le projet de la cornice qui ſeruoit d'impoſte à ce portail, preſentoient ſur leurs tarques de pareille eſtoffe, ces deux deuiſes pour la Gloire des lis. Vne main ſortant d'vne nuë ſouſtenant quelques lis par leur tige le vaſe contre bas à guiſe de campanes d'argent & leurs martelets dorez au dedãs, auec ceſte lettre.

SV GLORIA ES SV SONIDO.

Vn lis croiſſant au milieu d'vn beau parterre diapré d'vn riche printemps de fleurs ſur leſquelles il ſe tenoit comme Roy. Et ces mots.

QVANTO MAS ENSALCADOS.

Au droit des cornes de l'arc eſtoiēt ces deux

Emblemes fort myſterieux. Ceſtui-cy mõſtroit le grand pouuoir & l'aſcendant qu'a la vraye Gloire ſur les eſprits genereux. Vn Hercule toutchargé d'années, d'hõneurs & de triomphes, ſur vn noble bucher qu'il s'eſtoit dreſſé luy meſmes de ſes palmes & de ſes lauriers, conſumoit ſon corps dedans les flammes de la Gloire pour eſtre tout eſprit; La Iouuence, qu'il attẽdoit pour recompenſe de ſes trauaux, luy aſſiſtoit auec vn eſuẽtoir qui luy dõnoit du rafreſchiſſement dans l'ardeur de ſes flammes & allumoit dauantage ſon feu. L'inſcription eſtoit

---*VIGOR INDE ANIMIS, ET MORTIS HONORÆ*
DVLCE SACRVM.

En l'autre vne Bellone aſſiſe ſur vn trophée d'armes, teſmoignoit ſur ſa face eſchauffée, ie ne ſçay quel ſoubs-rire entremeſlé d'animoſité & de courroux, elle eſtoit baignée ſoubs vne pluye de ſang, de laquelle ſe formoit vn arc en ciel, auec vne Iris meſſagere de la Gloire, qui paroiſſoit au deſſus portant en main vne guirlande de beaux lis rouges, auec ceſte deuiſe.

GAL

GALLIS CVM MVLTO GLORIA VENIT.

SANGVINE.

L'arc en Ciel, difoit vn ancien, eft le grand chancelier de lair, auquel apartient de prefcrire le nombre des gouttes d'eau, que diftillent les nuës; mais pour arrefter cefte pluye de fang, il n'y a point d'authorité ny de pouuoir affez grand dans le Ciel, l'Iris n'y eft pas meffagere de calme ny de ferenité, fa prefence n'eft qu'vn prefage d'vne plus groffe rofee. Les cœurs François paiftris au leuain de la gloire, font prodigues de leur fang, quand il doibt eftre le prix de leur reputation & de l'honneur qu'ils prifent & ambitionnent fagement fur toutes chofes, honneur, qui les rend ennemis d'eux mefmes, & leur fait abandonner auec defdain cefte traitreffe chair, laquelle parmy les ardeurs de leurs braues combats liure leur courage indomptable à la fureur de leurs ennemis, luy refufant le fecours neceffaire en fes chaleurs, & fuccombant aux coups lors qu'il eft temps de rédre l'efchange de fes bleffures. Braue Nobleffe, cheua-

liers de l'honneur & l'honneur des Cheualiers de çe glorieux Monarque qui vous a aymé comme vous l'auez ferui fidelement, & qui vous recognoit icy au palais de la Gloire en la poffeffion de voftre felicité, ces coronnes de lis que vous auez empourpré de voftre fang en cefte guerre font pour honorer voftre triomphe, receuez les des mains de ces Diuinitez, qui les vous offrent auec leur cœur & la iouïffance de la gloire des grands Heros, vos lauriers ont efté atteints de la foudre, & meflez auec les funeftes cyprés, vous auez acheué voftre iour dés voftre Orient, mais voftre fepulchre fera le berceau de voftre renommée, ce coup des foudres de Mars ne vous eft arriué, que comme à quelques Athletes anciens, pour vous rendre plus celebres, le monde honnore defia vos merites & recognoit q̃ c'eft Mars qui vous a enleué dedans fes armes, & vous a conduit par la main pour receuoir les faueurs de cefte Deeffe fa mere que vous auiez fuffifamment merité, fi faut-il que i'honnore encor de quelque traict de plume les glaçons tous froids de voftre fang
espandu

au Palais de la Gloire.

espádu où iadis boüilloit la valeur & le courage, pour addoucir l'aigreur de voſtre mort dedans les aggreables douceurs de la Gloire.

 Celuy qui ne vous admire
Comme enfants du Dieu puiſſant,
Plein d'orgueil eſt honniſſant
L'honneur de voſtre martire.
Que le ciel, qui vous retire
Dans ſes palais azurez,
Ne vous voyant adorez
Sur luy deſcoche ſon ire.
 Si le temple de la Gloire
Debuoit charger ſes autels
De vos eſprits immortels,
Il falloit que la memoire
De voſtre belle victoire
Fuſt emprainte dans nos cœurs,
Car onc le nom des vainqueurs
Ne paſſa la riue noire.
 Si la Gregeoiſe ieuneſſe
Qui dompta de l'vniuers
Quelque coin, vit dans ces vers
Où roule l'eau de Permeſſe,
Quoy? ma Françoiſe Nobleſſe,

Hh 3

Le chemin des Heros
Qui par le plomb & le fer
A triomphé de l'enfer,
Perdra l'heur de sa proüesse?
   Non non, viuez grandes ames,
Filles aisnées des Dieux,
Non seulement ez hauts cieux,
Mais dessoubs les froides lames.
Que la Gloire dans ses flammes
Face esclatter la Vertu,
Qui a l'erreur abatu
Par la pointe de vos lames.
   Iunon cache ta mammelle,
Et l'yuoire de ton sein;
On t'a changé le dessein
De ceste voye eternelle.
Vne source perennelle
D'vn sang noble & vigoureux
Noyra ton laict amoureux
Dedans son onde immortelle.
   Vne trace ensanglantée
Ores guide dans les cieux
Des Heros, fils precieux
De ceste Gloire indomptée,
Qui changeant la voy' laictée
Enseigne qu'elle n'est pas

De

au Palais de la gloire.

*De laict, de succre, ou d'appas
Mais bien de sang enfantée.*

C'estoit vn erreur de quelques vns, qui croyoient anciennement que les grādes ames, qui auoient esté si douces & gracieuses au beau iour de leur vie, quand elles venoient à s'esteindre, esmouuoiēt des orages & bien souuent mesmes infectoient l'air de maladies contagieuses, comme il en arriuoit à la mort de ces demy-Dieux en vne Isle prés de l'Angleterre, ainsi qu'escrit Plutarque; Mais ce seroit vne cruauté en çe temps de se mettre en la teste que les maux pestilentiels, qui ont fauché c'est hyuer tant de vies en toutes ces contrées, ont ensuiuy necessairement la mort de tant de vaillants Heros, comme si leur beau sang auoit corrompu l'air, & le coup qui donna à cognoistre qu'ils estoient mortels n'auoit pas tout d'vn coup porté leur corps par terre & leur gloire innocente au rang des demy-Dieux dedans ces palais celestes où ils sont cōme ils ont esté icy bas protecteurs du salut & de la grandeur de la France. Les plus beaux iours de feste portent tous-jours leur veille
vn peu

vn peu fafcheufe, il falloit bien goufter quelque peu d'amertume auant que boire à longstraits les plaifirs d'vn fiecle d'or que la Vertu de ce grand Prince fait renaiftre en nos iours; elle l'a efleué à la Gloire plus pour noftre profit que pour fon contentemét; iamais l'influence des aftres n'eft plus benigne, ny leur clarté plus grande, que quand ils font en leur apogee & le plus releuez par deffus nous. Ces Heros dont nous parlions, qui eftoient les pennes de cet aigle Royal ont efté forcez par les Deftins de le quitter au milieu de fon vol, mais il n'a pas pour cela laiffé de fe porter fur les aifles de fa propre Vertu dedans le Ciel, comme marquoit par hierogliphe vn aigle s'efforant aux rayons enflamez d'vn Soleil extraordinairement luifant, & chaud, qui faifoit diffoudre & choir en terre les plumes de fes aifles. L'ame eftoit en ces mots.

TAMEN ALTA TENEBO.

Ces plumes qui fembloient le fouftenir & luy pauer l'air deffoubs pour le faire monter glorieufement fur les nuës, feparées de luy ne peuuent fe fouftenir elle mefmes, &
l'aigle

au Palais de la Gloire. 249

l'aigle sans elles triomphe tout seul dedans ces campagnes de l'air. C'est du Genie & de la Vertu du Roy que la Noblesse doibt tenir sa gloire.

Mais c'est trop arresté icy quittôs ces autres deuises & ce palais qui n'est plus qu'vn corps sans ame, puisque la Gloire passe outre auec S. M. qui marche comme vous voyez, à teste nuë, par respect deuant la statuë d'Henry le grand son tres-honnoré Pere. Le Labeur, qui est icy depeint sur le bas de la porte, auec ceste inscription.

LABOR EST INTRARE VOLENTI.
ne faudra pas de suiure auec tout le train de ceste Deesse, ces mots escrits à l'opposite le nous donnent à entendre.

SVA GLORIA FORTI CAVSA LABORIS ERIT.

C'est ce que rcherchêt principa lement les grands courages de passer d'vn trauail à vn autre, les perils leur sont tous precieux, ils les poursuiuent auec instance & les acheptent bien cherement, la coronne leur est moins aggreable que le combat. *Gaudent diuina perpetua motu* (dit Pacatus au Panegy-

Le chemin des Heros

rique de l'Empereur Theodose) *& iugi agitatione se vegetat æternitas, & quicquid homines vocamus laborem, vestra natura est. Vt indefessa vertigo cœlum rotat, vt maria æstibus inquieta sunt, & stare sol nescit, ita tu, Imperator, continuatis negotijs & in se quodam orbe redeuntibus semper exercitus es.* Tous ces grãds exploits, & tant d'admirables victoires de ce genereux Monarque, semblent peu de faict à son grãd cœur pour meriter vne telle gloire, il a d'autres desseins bien plus releuez, il aspire à de plus hautes conquestes, comme vous pouuez lire dans ces vers qui sont sur le passage.

SPARSÆ TOT VRBES TVRBINIS VA-
STI MODO,
HÆC TANTA CLADES HOSTIVM A
TANTVS PAVOR.
ALTERIVS ESSET GLORIA AC SVM-
MVM DECVS,
ITER EST LODOICO.

Tout cela ne luy est qu'vn chemin pour passer à des choses plus grandes. Aussi dans le Ciel les Destins apres cecy ont logé sa Magnanimité à l'enseigne de la nauire Argo, qui le doibt porter à la cõqueste d'vne plus noble

noble & plus pretieufe toifon d'or,côme eft la terre fainéte, ainfi que la nomment quelques SS. Peres, & l'Empire des Ottomans, que tant d'Oracles ont promis à la valeur, & à la Pieté de ce grand Roy des fleurs de lis: les palmes de l'Afie, dit Pline portent de meilleurs fruits que celles de l'Europe, qui demeurent prefque fteriles, & n'ont iamais q̃ quelque effay de dattes imparfaiétes fans douceur ny fuauité quelconque. Mais il les ira cueillir apres qu'il aura efgalé les merites de fon Pere en donnant à la France, vn autre Louys le Iufte qui foit fes delices & le comble de fa felicité, qu'il verra croiftre entre fes bras en l'amour du Ciel auffi bien comme en aage pour affeurer le falut de la France & l'eftablir en gloire pour iamais en face de toutes les nations du monde. Concluons maintenant ce triomphe, & accompagnons de la plume & des yeux ce vainqueur montant au Capitole de cefte nouuelle Rome pour y rendre fes vœux au Ciel dedans le temple de la Diuinité.

Le chemin des Heros

LE ROY ayāt paſſé le palais de la Gloire dont le frontiſpice eſtoit dreſſé ſur la place deuant l'hoſtel de Ville, monta à l'Egliſe Cathedrale de N. Dame des Dós ioincte au grand Palais des Papes qui luy ſeruit de Louure, pour faire vne humble recognoiſſance à ceſte Diuine Majeſté de toute ſa gloire & de tant de Victoires qu'il tenoit de ſa liberale bonté. Les plus grands Roys de tant plus qu'ils s'approchent de Dieu d'autāt moindres paroiſſent-ils à leurs yeux, & comme Piſidas dit des Cherubins ceſte nature ſi oculée & clair-voyāte qui eſt toute œil & qui penetre tout, quand ils s'vniſſent d'auantage à ceſte grandeur infinie & qu'ils la conſiderent de plus pres, ils s'en recognoiſſent touſiours plus eſloignez & decroiſſent en l'opinion deux meſmes. C'eſt vne Perſpectiue admirable, qui fait que ce qui ſe voit de plus prés paroit moindre, & le plus enfoncé & reculé de nous a le plus d'apparence, & eſt de plus grand volume à nos yeux.

M.M^{rs}. les Conſuls & l'Aſſeſſeur auoient fait reueſtir l'entrée de ceſte Egliſe auguſte

en

en son antiquité de diuerses peintures & tableaux, en deux desquels estoient representez S. Charlemagne & S. Louys entre les deux pilastres de Porphyre qui soustenoyent la voute de l'arc & deux grosses colomnes de mesme pierre, sur lesquelles la grande corniche & le coronnement estoiét portez: dans le tympan de ce coronnement l'Eternité encernée dans vn cercle parfaict q̃ faisoient ses deux queües de serpent vnissoit de ses mains deux petits Genies coronnez de lis, portans sur leurs targues l'vn les armes du Pape Gregoire XV. & l'autre celles du Roy. Sur les cornes de l'arc estoient ces deux emblemes. D'vn costé l'Eglise Romaine tenant en main l'Oriflamme toute parsemée de fleurs de lis à laquelle elle anchroit son esperance, auec ceste deuise.

SPES ECCLESIÆ ROMANÆ.
Les lis estoient iadis le symbole de l'esperance, mais ceux de la France le sont plus particulieremẽt à l'Eglise, les Roys de France tres-Chrestiens sont les Protecteurs du S. Siege, & la Noblesse frãçoise, ces soixante forts qui enuironnent la lictiere de ce di-

uin Salomon. De l'autre costé vne Iunon coronée à la Royale arrousoit de son laict le ciel, & delà le faisoit rejallir sur la terre, d'où naissoient de beaux lis de tous costez, & l'ame de la peinture estoit en ces deux mots.

ORBIS FELICITAS.

Le bon-heur du monde depend de la gloire de nos Roys. Soubs la voute de l'arc on lisoit ceste inscription.

LVDOVICO IVSTO XIII. GAL. ET NAV. REGI CHRISTIANISS. AVITAE VIRTVTIS AEMVLO GLORIOSO, CAROLI MARTELLI IN SARRACENIS AVENIONE PELLENDIS FORTITVDINEM ET D. CAROLI MAGNI LAVREAS IAM ADEPTO. IN ALBIGENSIBVS TOTA SEPTIMANIA GALLIAQVE FRANGENDIS S. LVDOVICI PIETATEM ET MAGNITVDINEM ASSEQVVTO. OB IMPIATVM REBELL. HAERETICORVM FVROREM TRIVMPHANTIBVS ARMIS EXPIATVM, OB ECCLESIAM ROMANA PIETATE DEFENSAM, OB AVENIONEM BENIGNITATE REGIA CONSERVATAM,
SVI CLIENTES
PRAEPOSITVS ET CANONICI HVIVS AVEN. ECCLESIAE PER D. MARTHAM CHRISTI HOSPITAM PRIMVM ERECTAE, MOX D. RVFFI CHRISTI. DISCIPVLI PRIORIS EPISCOPI SACRIS INAVGVRATAE ET PER CA-
A GOT

au Palais de la Gloire.

ROLVM MAGN. IMPERAT. A GOTTHICA
IMPIETATE RESTAVRATAE HVNC INGEN-
ET PERENNABILIS GLORIAE FORNICEM
DD. CG. ANNO EVNTIS SAECVLI XXII.

Ie ne veux pas vous arrester icy sur les antiquitez remarquables de ceste Eglise, elles sont descrites à plein au recit de l'entrée de la Royne mere du Roy Marie de Medicis en ceste ville, l'an de son tres-heureux hymenée, qui a porté tant de contentements à la France. Ie passe outre à l'accueil que S. M. y receut de Monseigneur l'Illustrissime & Reuerédissime Archeuesque d'Auignon Estienne Doux la douceur & l'esprainte de la vertu mesme ; ce fut bien icy que la candeur & l'innocence se rencontrerent heureusement ensemble, & la Iustice & la paix s'entredonnerent le baiser de paix, mais les yeux y furent les messagers du cœur, & firent presque l'office de la langue. L'entendement est côme le Soleil qui attire les vapeurs de la terre pour les resoudre en pluye, d'vne profonde côsideration il en tire le sujet des larmes, qu'il fait fondre par les yeux. Ce tres-Illustre & tres-graue Prelat poussãt plus auant sa pensée sur tant de graces & de

benedi

benedictions du Ciel verſées ſur ceſte ame Royale, l'Oinct & l'Image du Dieu viuant, & le priuilegié du Ciel pour faire des miracles auoit le ſujet d'arrouſer ſon contentement de ſes larmes voyant ce premier Monarque du monde parmy tant de gloire & de triomphes ſi humain enuers tous, & ſi reſpectif aux choſes diuines. Il luy preſenta l'eau beniſte, ſelon la couſtume, à l'entrée de l'Egliſe, & Mr. le Preuoſt, Iean Suares, comme le chef de cet auguſte & venerable Chapitre, qui faiſoit icy monſtre comme d'autāt de Cardinaux, qu'il y auoit de Chanoines en la ſplendeur de leur eſcarlatte, dont le Pape Iules II. les a autre-fois priuilegié, prit la parole pour tous, & ainſi que ce Docte vieillard prés la mer Erythrée (lequel, comme il eſt rapporté dans l'hiſtoire des Grecs, ſi toſt qu'il ouuroit la bouche pour parler, rempliſſoit tous les enuirons de ſa demeure d'vne tres-ſoüefue odeur) il embauma tout l'air de ceſte ſuaue eloquence, qui l'a faict tant de fois loüer & eſtimer des Papes & Cardinaux à Rome, & icy de la Royne mere du Roy, à laquelle le haranguant par mesme debuoir il y a 22. ans, il sembla predire qu'elle dourroit à la France auant l'an reuolu vn Dauphin aussi sage & valeureux q̃ le grand Roy son pere, & aussi doux & gracieux que S.M. Mais cela ne fut pas si grande merueille, les sages, au dire de Sophocle, ont tousiours quelque Oracle des Dieux, & leurs songes sont tenus pour Propheties, cõme dit Homere de Nestor, ceste teste si biẽ faicte pouuoit bien, selon son souhait, predire ce bon-heur à ceste grande Heroine. Il parla icy debout en ces termes au Roy.

SIRE,

Le Soleil leuant dissipe les tenebres de la nuict, & par l'aggreable lumiere de ses rayons donne le iour au monde: & l'orient de vostre Majesté a desfait & dissipé le chaos de la rebellion infidele à Dieu & à vostre sceptre, & par ses iustes & victorieuses armes va donnant auiourd'huy la France à sa France; & vostre gloire reluit si heureusement en l'Eglise de Dieu, qu'elle se promet vn siecle d'or & espere de voir tout l'vniuers esclairé par les ra-

yons des lys sacrez de vostre couronne inuincible. Viuez donc, Grand Monarque, viuez preuenu tousiours & conforté de tant de benedictions de la toute puissante main de l'Eternel, que le ciel a d'estoilles & d'yeux pour se complaire aux victoires qu'il vous promet, & que toutes les nations de la terre ont de langues pour les celebrer. Ce sont les vœux, SIRE, que ce Chapitre fondé par la liberalité des Roys vos ancestres, & tout le Clergé Auignonois vous rendons tous les iours sur le sainct Autel du Dieu viuant, du Dieu des armées, que nous prions continuellement pour vostre tres-longue vie & tres-heureux succez de vos sainctes & tres-augustes intentions. Nous le vous offrons auec nos cœurs que le soleil de vostre présence, la gloire de nos vœux, fait fondre de ioye & d'allegresse sur nos faces, tesmoignage notoire de nostre deuotion & tres-fidele obeissance, qui ne pouuons respirer que soubs le bon-heur de la protection de vostre pieté royale, & n'auons iamais eu & n'aurons iamais de vie & de sentiment, que pour le seruice de vostre couronne, de la couronne de France & Majesté tres-chrestienne de LOYS LE IVSTE & victorieux fils aisné de l'Eglise, le premier & le plus triomphant Roy du monde.

Apres

S. M. l'eſcouta auec grande attention, & ſe leuant de ſon Oratoire luy dit, Mon Pere priez Dieu pour moy; depuis ayant oüy deuotement & auec demonſtration de plaiſir le *Te Deum laudamus* que Mr. de la Tour originaire de Namurc en Flandres & maiſtre de la Chapelle de ceſte Egliſe, fit chanter ſuperbement ſur l'orgue auec quelques autres motets, & apres auoir receu la benediction que Monſeigneur l'Illuſtriſſ. Archeueſque d'Auignon donna ſolennellement; elle ſe retira au grand Palais des Papes, & toutes les cõpagnies de la Ville, qui eſtoient venuës ſe rendre là auec tout vn monde de gents á pied & à cheual qui couuroiét toute ceſte grande place, s'en allerent en ordõnance & les tambours battans à la faueur des chandeles & flambeaux qui eſtoient allumez aux feneſtres de chaque maiſon par ordonnãce. Libanius dit que les decrets des Villes ſont les miroirs où l'on les peut cognoiſtre, mais il eut eu double raiſon de le dire en ce rencontre, car cet ordre faiſoit voir la ſage preuoyance de ceux qui auoiét l'authorité de commander, & enſemble aux raiz de tant de lumieres qui faifoient autāt de Phares qu'il y auoit de maifons, elle dōnoit à cognoiftre & voir cōme en vn plein iour toute la grādeur & la beauté de la Ville à ceux qui eftoient dedans.

Le iour fuiuant, qui eftoit le Ieudi 17. de Nouembre apres la Meffe du Roy qu'il oüit en l'Eglife N. Dame des Doms Mr. Iean François de Galliens Sr. de Caftelet, Gentilhomme Ordinaire de la chambre du Roy, & Viguier d'Auignon pour N. S. P. & M. Mrs. les Confuls & l'Affeffeur accompagnez de la plufpart de la Nobleffe de la Ville & d'vn grand nōbre des plus qualifiez Bourgeois & marchands, monterent au grand Palais pour rendre leurs feconds debuoirs à S. M. au nom de toute la Ville où Mr. l'Affeffeur au milieu d'eux defployant les threfors de fa riche façōde, & de fon bel efprit, que ie puis appeller vne bibliotheque mouuante à l'exemple d'Eunapius, & vne lyre bien haut montée, harāgua debout par cōmandement de S. M. en prefence de toute fa Cour, en ces termes.

SIRE,

au Palais de la Gloire.

SIRE,

Voicy ceste iournée la plus celebre de tous les siecles passez, en laquelle la nature & la grace tributaires de vos vertus & couronnes Royales, ou pour mieux dire, le seul esclat des diuins rayons de V. M. tres-chrestienne, tres-victorieuse, & tres-auguste, pour l'immortelle Gloire de vos lauriers & triomphes, assemble miraculeusement dans l'enceinte de ceste vostre tres-fidele, & tres-obeissante ville d'Auignon prosternée aux pieds de V. sacrée M. les terres Idumées, la ville des Constantins, & la capitale des Souuerains Pontifes: puis que veritablement la Pieté du tout admirable de V. M. tres-chrestienne r'anime sainctement les venerables cendres des plus grãds saincts de la Palestine, qui les premiers se sont venus cédroier en ce parterre pour couurir & faire germer la saincte semence de l'Euangile au salut des humains. La vaillance incomparable de vostre bras d'acier dompteur des rebelles, fait reuiure ces inuincibles Cæsars, qui pour signaler leurs victoires donnerent à ceste Constantinople Gauloise les aiglons de leur Empire : & la iustice inuiolable de vostre sacrée main, rauigore la memoire imperis-

fable non seulement de ces deux grands Heros freres du Roy S. Louys vostre ayeul, ausquels comme à nos bons Legislateurs nous sommes redeuables de la loy fondamentale de nostre police, mais encores de tant d'admirables successeurs de Sainct Pierre qui iadis establirent le Siege Apostolique dans ceste seconde Rome honorée dans son escusson des trois clefs Pontificales. C'est donc en tesmoignage de ce trois fois tres-grand bonheur que nous apporte vostre auguste personne, que vostre tres-obligée ville d'Auignon respirant soubs la protection de V. M. à l'esgal de vos plus naturels & fideles subjects, vous a dressé dehors & dedans son pourpris, comme dans l'abregé du monde, les Arcs triomphans, & trophées, que le ciel & la terre ont meritoirement decerné à vos victoires, & vous donne le tres-heureux augure de ses aigles & de ses clefs voüées à toutes les volōtez de V. M. enuoiant ses vœux & prieres plus solennelles au ciel pour l'accomplissement. Ces deux aigles & ces trois clefs qui vous sont consacrées presagent que V. M. apres auoir glorieusement combatu & abatu les hydres de son Empire Gaulois, par sa pieté & magnanimité inimitable portera si auant dans l'vniuers ses foudroiantes & inuincibles armes,
qu'elle

qu'elle d'abord fera tomber de la main Ottomanne l'Empire de l'Orient, & pourfuiura fi heureufement fes glorieufes victoires, & fes deffeins hereditaires du Roy Sainct Louys, que par vos diuines mains au fommet du Liban la faincte Croix fera fainctement arborée, puis triomphera par trois fois dans la capitale du monde, comme le premier-né Roy tres-chreftien, comme reftaurateur de l'Eglife, & Monarque de l'vniuers. A ces fins nous dreffons encore vne fois à ce grand Dieu viuant nos yeux & nos vœux auec tous les mouuements de nos ames: & adiouftons, SIRE, que V.M. qui a donné vn fi fortuné commencement à ce fiecle, lequel deformais fe nommera le fiecle de Louys le Iufte, l'accompliffe encore plus heureufement iufques à fon centenaire, & que bien auant dans le feptiefme V. M. courbée d'années, puiffe efgalement partager fes couronnes entre fa Royale & fleuriffante pofterité.

Le Roy aprés les auoir remercié, s'eftant apperceu parmy les Seigneurs de fa Cour, d'vn qui s'eftoit engagé comme chef dans le party des rebelles, luy dit qu'il eftoit vne de ces teftes de l'hydre dont auoit parlé Mr. l'Affeffeur.

Sur

Sur le midy il sortit à la chasse contre la riuiere de la Durance, ce que le Serenissime Duc de Sauoye ayant appris, qui venoit auec vne somptueuse & magnifique Cour, pour saluër S. M. & se conioüir auec elle de ses heureuses Victoires, prit le chemin de ce costé, & de loing qu'il la descouurit mit pied à terre, cependant que le Roy poussa son cheual encor à quelques pas auāt que descendre, ce qu'ayant fait tout à propos pour accueillir son Altesse, qui se ietta à ses pieds, se tenāt entre la Majesté de Roy & la familiarité d'allié, il l'accolla tant affectueusement, que ce Prince, qui a autant d'esprit a biē dire, que de courage & de generosité pour bien faire, s'escria dans cet aise, qu'il mourroit desormais content ayant eu l'honneur de voir & saluër le plus grand Monarque de la terre. De là ils entrerent ensemble dans la Ville où S. A. ayant veu & loüé la beauté des arcs de triomphe, que S. M. luy monstroit sur les chemins & ruës, elle l'accompagna au grand Palais iusques dedans sa chambre Royale, & puis se retirant au Palais de l'Archeuesque, elle fut suiuie

au Palais de la Gloire. 263

uie de la Nobleſſe Fraçoiſe & des Gentils-hommes de la chambre du Roy qui le conuoyerent de la part de S. M.

Le meſme ſoir M.M^{rs}. le Viguier, les Cõſuls & l'Aſſeſſeur accompagnez comme au matin porterent à S. M. pour preſent deux cents medailles d'or, dãs vne grande couppe d'argẽt doré, que M^r. L'Aſſeſſeur luy preſenta au nom de la ville, diſant.

S I R E,
V. M. moulée ſur le patron du grand Dieu des armées, de qui elle eſt l'image viuante, ne peut receuoir de bon œil les dons & offrandes ſimplement terreſtres & periſſables. Et partant voſtre tres-fidelle & tres-obeïſſante ville d'Auignon, recognoiſſant la diuinité qui luit dans V. M. tres-chreſtienne, vous offre & dedie en ce petit preſent toutes les ames qui viuent dans le pourpris de ſes murailles, pour eſtre autant de citadelles imprenables de fidelité & obeïſſance, eternellement deſtinées à la ruine de vos ennemis, & defence de vos couronnes Royalles.

Ceſte façon de preſent ſembla plus conuenable à vne Ville, qui eſt comme vne Rome

L l

dans la France. & plus conforme à l'inuention qu'elle auoit choisie pour honorer l'entree triomphante de S. M. La vieille Rome rendoit iadis cet honneur à ses Heros de releuer sur l'or & l'argent leurs images, que l'on appelloit, *sacros vultus*; Et la Gloire de S. M. a graué si auant son amour & ses merueilles dãs les cœurs des Auignonnois, que rien ne le pouuoit mieux representer qu'vn metal eternel & incorruptible conioignant leurs images & les conseruant en ceste vnió à vne mesme duree de tẽps. *Aboleri hic vultus non potest, vniuersorum pectoribus infixus est.* Le Roy eut aggreable ce present, & ayant demandé l'inscription des medailles à M^r. l'Assesseur, dit tout haut qu'il vouloit les cõseruer, & à ceste fin les commit entre les mains du S^r. de Courtenuaut, premier gentil-homme de sa chambre. A la sortie du grand Palais la Ville s'en alla semblablemẽt en corps saluër son Altesse Serenissime, le sujet de la harãgue du S^r. Assesseur fut que le Ciel auoit assemblé heureusement en ce Prince tout ce que les anciens recherchoiẽt pour parfaire vn excellent capitaine, la teste d'airain, d'airain, le front d'acier & les bras de fer. Et que la Sereniſſime maiſon de Sauoye eſtoit appuiée ſur les trois diamantines colomnes de l'Vniuers, l'Empire, la France, & l'Eſpagne, ſur quoy il fondoit ſon diſcours. Le lédemain 18. du meſme mois il harangua au nom de la Ville à Monſeigneur le Cardinal de Sauoie, ce qu'il fit auſſi à tous les Princes & Officiers de la Coronne de France, toutes ſes paroles, comme Homere dit des Orateurs Troyens, ſembloient auoir l'odeur des lis.

L'Apreſdiſnée S. M. vint au College des Peres de la Cōpagnie de Ieſus auec ſon Alteſſe où elle fut accueillie d'vne belle & ingenieuſe actiō theatrale qu'elle aggrea grādemēt. Le ſujet eſtoit le Duel de la iuſte rigueur & de la clemence, q̄ dés le cōmencement de ces troubles S. M. a ſenty dedans ſon cœur Royal, qui a cōme ſeruy de pré à ces deux cōbattans. Les airs, que Mr. Intermet auoit cōpoſez, rauirēt tellement le Roy & toute ſa cour, que toutes les parties furēt tirées des mains des Muſiciens & S. M. en voulut vne coppie, & oüir encor le lende-

Ll 2

main Mr. Inrermet à la Meſſe à S. Louys, où il luy commanda de ſe trouuer.

A la nuict cloſe les artifices de feu iouerent deuant le grand Palais aux yeux de S. M. & de S. A. Vn Typhon y fut repreſenté faiſant la guerre aux Dieux à coups de foudres & quarreaux, qui voloient auec vn tel eſclat & tintamarre par l'air, qu'aux premiers grommelements le monde fremiſſoit de crainte. Les Dieux combattoient à couuert d'vne haute tour du palais de la Gloire, qui eſtoit à l'hoſtel de la Ville, & vn Mars à cheual tout en feu vint combattre ſur terre contre 4. ſoldats tous couuerts & armez de feu, qui ſortirent des 4. portes de l'architecture formée de la flamme d'vne infinité de ſoufflons bien diſpoſez & de trompes à feu, ſur le donjon de laquelle ce Typhon enragé vomiſſoit feu & flamme par les gueules de ſes ſerpents, voyāt qu'il auoit trouué ſon bucher en ſa forterſſe qu'il croyoit inexpugnable. Le cheual de Mars tout farcy & chargé de ruſes de guerre, de grenades & pots à feu, rendit autant de combat que ſon Caualier, il eſclattoit de tous coſtez

coſtez. & laiſſoit par tout ou il paſſoit vne ſemence de ſoldats de feu qui s'entrebat‑ toient & eſteignant leur vie ſe multiplioiēt en vne nouuelle armée qui brilloit par la campagne, & ſe dardoit elle meſme con‑ tre vne multitude infinie de monde, à qui elle ſembloit ſe plairre de donner la chaſ‑ ſe innocemment. Les fuſées à queuë, qui monterent dedans l'air à millier, le rem‑ pliſſoient par fois de couleuureaux allu‑ mez, quelque fois d'vne grande varieté d'e‑ ſtoilles errantes, & ſouuent s'eſclattant en haut, faiſoient vne belle eſcopeterie, qui monſtroit que tous les efforts des Rebelles n'auoient faict coup qu'en l'air; car de ce Typhon ie veux ne vous en rien dire; vous ſçauez ce que dit Tertullien, que les ſeuls heretiques ne recognoiſſent point Dieu, mais il luy font la guerre: De ce peu que ie vous ay tracé icy & en tout ce narré, com‑ me vn experimenté & habile veneur vous cognoiſtrez & iugerez beaucoup: Aprés que ce monſtre ſe fut rendu à la force des foudres qui le poudroyerent tout, la feſte parut ſur la tour de l'horloge de l'Hoſtel de

Ville. Trois grandes fleurs de lis & vn Viue le Roy parurent en feu aſſez de temps en l'air, des groſſes fuſées cheueluës en ſigne de reiouïſſance allumerent tout le Ciel de nouueau, parmy le concert aggreable des haut-bois & des trompettes, qui chantoiét le pean de triomphe à Iuppiter le vainqueur de ces mõſtres & le reſtaurateur du monde.

Le ſoin vigilãt & la diligence affectueuſe de Mr. Pierre Bayol troiſieſme Conſul fut icy remarquable pour le bon ordre qu'elle y fit mettre, elle reluiſit à la clarté de ces feux, pour leſquels la Lune (comme pluſieurs remarquerent) qui clairoit à lors en vne grande ſerenité de l'air, cacha ſes rayons tout à propos dans vne eſpaiſſe nuë, à l'arriuée de S. M. à ce ſpectacle, afin que ſa lumiere ne luy en deſroba pas le plaiſir. Il ne faut pas laiſſer icy couler ſoubs le ſilence les merites de MMrs. les Deputez pour ceſte entrée Meſſieurs Charles de Dony, François de Royers, ſieur de la Valfiniere, Nicolas Philibert, Paul Tourreau, Iean Honoré Bœuf, & Pierre Roſtagny, le zele qu'ils y ont monſtré pour l'honneur de S. M. & de leur

leur patrie a esté grand, leur trauail perpetuel, leur industrie singuliere, leur diligence loüable, leurs veilles continuées iour & nuict pour obliger les ouuriers à auancer leurs besognes & les accomplir pour l'arriuée de S. M.

Le Dimanche au matin S. M. remonta à l'Eglise metropolitaine, où elle oüit la Messe, & voulut voir la chaire des Papes qui y est encor conseruée & les autres raretez de ceste Eglise, desquelles M^r. le Preuost François Suares eut l'honneur de l'entretenir assez long-temps, elle considera puis de plus pres les ornemens de l'Eglise, la tapisserie qui estoit d'vn riche brocador, l'argenterie aux relliquaires de grád prix, Croix, chandeliers & lampes en grand nombre, qui brilloient extraordinairement à la lumiere des flambeaux allumez à quantité tout à l'entour du chœur.

Le mesme iour le Roy, son Altesse, M^r. le Cardinal de Sauoye, tous les Princes & Officiers de la Couronne, auec Messrs. le Vicelegat & le General furent traictez par M^r. le Duc de Luxembourg chez M^r. de Berton,

où

où il arriua de signalé que Madame estant à ce mesme iour trauaillée d'vn fascheux mal de l'enfantement, sans esperance, côme l'on iugeoit, de pouuoir estre deliurée de quelques heures, à l'entrée de S. M. dãs la basse cour de la maison elle se vit auec estonnement hors de danger & de douleur par la naissance d'vn enfant masle, que la nature (comme dit S. A. au Roy) sembloit consacrer au seruice de S. M. laquelle receut l'augure, & voulut à cet effect que Mr. le Prince de Ioinuille le tint à sa place sur les sacrez Fonts auec Madame la Princesse de Conty, & luy donna le nom de Louys, ce qui fut fait le lendemain par Monseigneur le Vicelegat, qui le baptiza au logis de mondit Seigneur de Ioinuille, à cause de son indisposition, chez Mr. François de Galiens Seigneur des Essars, où les principaux Gentils-hommes de la Ville qui estoient en charge portoient les honneurs. Heureux enfant, qui a esté plustost accueilli de la Gloire qu'il ne l'a sceu cognoistre, qui s'est veu plustost glorieux que né, & a respiré l'air de la Cour & des grandeurs auãt que celuy de la vie. Les anciens

anciens croyoient que leur Iunon prefidoit aux enfantemés, qu'euffent-ils dit, s'ils euffent veu cet admirable rencontre, qu'elle fit recognoiftre fa prefence par diuers effets en mefme temps, accompagnant vn Monarque inuincible, & toufiours triomphant pour le rendre glorieux, & renommé par tout le monde, & faifant goufter enfemble à vne mere les folides plaifirs de fes couches en la naiffance d'vn fils qu'elle a priuilegié de l'hôneur de fes faueurs par deffus le commun des hommes. Elle vouloit pouruoir à ce que iamais en cefte famille tres-noble ne manquaffent des hômes genereux, qui fuffent les efpees & les boucliers de nos Roys, tel qu'a efté en nos iours le braue & l'incôparable Louys de Berton Sr. de Crillon plus recommandable par ce nom que par tous les honneurs & les grandes charges que fa valeur & fa fidelité luy ont fait obtenir de trois grâds Roys, pour lefquels il a fait tant de fois efcouler fon ame auec fon fang, qu'il a obligé le monde de croire qu'il n'eftoit animé que de l'amour de fon Prince: ou biê,

M m

cõme le courage & la fidelité de toute ceste maison au seruice de S. M. est le sceau de
la Nature qui marque leur extraction & les
faict affectionnez au seruice de leur Prince,
la Gloire les vouloit recognoistre & faire
mõstrer qu'ils n'estoient pas indignes de ses
faueurs, ny de celles qu'ils ont receu tant de
fois de S. M. & nõmément à son arriuée en
ceste Ville, lors qu'ayant appris la mort du
S^r. de Vétabren General de l'artillerie de N.
S. P. en cet estat par vn funeste accident, elle
dit aussi tost qu'elle desiroit que ceste charge fut concedée à la maison de Berton &
qu'elle en escriroit à sa Sainćteté, comme
il fut fait. Si ie ne voulois icy cachetter ce
narré ie dirois, auec Pline au Paneg. de l'Empereur Traian. *Inuisent posteri tectũ quod ma-*
gnus hospes implesti, &c. la posterité ira voir
par merueille ceste maison remplie si mani-
festement de la Gloire d'vn si grand Roy, de
tant d'Heros, & elle admirera le bon-heur
de ceste famille (qui est venuë d'vne des
grandes & Illustres maisons de Piedmont)
de se voir honorée en sa maison de la presence

fence du plus grand Roy, & du premier Duc & Capitaine du monde.

Le lundy 21. du mois le Roy ayant receu de riches prefens de fon Alteffe partit d'Auignon & la Gloire auec luy, ne laiffant à la Ville qu'vne memoire eternelle & vn affection touſiours plus allumée au feruice de celuy, qu'elle auoit veu & adoré glorieux fur tous les Monarques de la terre. Son Alteffe partit le lendemain; & les paroles qui fembloient eſtre gelées, cependant q̃ S. M. eſtoit prefente, comme en ce pays du quel parloit Anacharfis, commencerent à fondre & faire vne belle pluye de loüanges de fes admirables Vertus que chacun s'eſtoit arreſté à contempler.

Mais il faut faire comme ces peuples qui adorants le Soleil luy tendent la main & la portent auſſi toſt fur leurs bouches, l'admiration cõmence & le filence finit leur hommage. Auſſi bien la Gloire de ce Monarque le renomme affez par tout le monde, & refonne viuement aux aureilles & dans les cœurs d'vn chacun, ie veux laiffer parler ceſte Diuinité & me taire.

Car c'est par trop osé, d'enfermer la memoire,
Dans l'estroite prison de trois ou quatre vers,
D'vn Roy, de qui le nom remplit tout l'vniuers,
Porté deſſus le cor & laiſle de la Gloire.

F I N.

Fautes ſuruenues à l'impreſſion.

Pag.	Lig.	fautes	Corrigées
33	19	promis	permis
39	12	laiſſer	laſſer
ibid.	14	trauailloient	trauaillerent
110	22	Reuerendiſſ.	Illuſtriſſime
208	19	ſon trompette	ſa trompette
210	17	Victoria	Victa
228	18	vous n'auez, eſt tranſpoſé de la ligne 22.	

La prudence du Lecteur corrigera le reſte.

ODE,
Au Lecteur.

LA Gloire auoit dreßé vn temple à son mignon,
Dans les superbes murs de la grande Auignon,
  Mais l'impiteuse enuie
Armée du secours que l'enfer fournissoit
Au malheureux dessein que son esprit braßoit,
  Eut de l'abatre enuie.
Tous les grands Dieux ialoux de l'honneur de mon Prince
Font aduertir la Gloire & leur chere Prouince
  D'auoir l'œil à cecy.
Apres auoir long temps consulté les Oracles,
L'Amour tira du lieu, d'où sortent les miracles,
  Le liure que voicy.
La Gloire le voyant le met dedans la main
De sa belle Auignon, elle d'vn cœur humain
  Le baise & le rebaise.
Ie ne crains plus le temps immortel en ses pas,
Ny le fer, ny l'acier, l'enfer, ny le trespas
  Dit elle pleine d'aise.
Ie garderay sans fin l'honneur & la victoire
Du plus grand de nos Roys, & ceste enuie noire
  Ne pourra desormais
Cacher dedans l'oubly le nom & la memoire
De cil, de qui les faits au liure de la Gloire
  Sont escrits pour iamais.

Extraict du Priuilege du Roy.

Ar grace & priuilege du Roy, il est permis à I. Bramereau, Libraire & Imprimeur de nostre S. Pere en la ville d'Auignon, d'Imprimer ou faire imprimer, vendre & distribuer toutes sortes de liures ja imprimez, du depuis corrigez, augmentez, & embellis d'annotatiõs, & toutes sortes d'autres copies nouuelles, qu'il pourra recouurer à l'aduenir : auec deffence a tous Libraires, Imprimeurs & autres de quelque estat ou condition qu'ils soient, d'imprimer ou faire imprimer lesdits liures, vendre ny distribuer par tout le Royaume, de six ans finis & accomplis, à cõmencer du iour qu'ils auront esté acheuez d'imprimer, sur peine à tous contreuenans, & autres qui se trouueront saisis desdits liures, de confiscation d'iceux, & de tous despens dommages & interests enuers ledit Bramereau, & que la coppie des presentes estant mise au commencement ou à la fin desdits liures oste tout pretexte d'excuses, & soit tenuë pour deuëment signifiee & verifiee, sur peine de mille liures d'amende, moitié à sa Maiesté, & moitié audit Bramereau, & autre amende arbitraire. Donné à Paris, le dix-septiesme de Ianuier. 1614. Et de nostre Regne le quatriesme.

Par le Roy en son Conseil,

Signé   DE VERTON.

www.ingramcontent.com/pod-product-compliance
Lightning Source LLC
Chambersburg PA
CBHW070534160426
43199CB00014B/2256